Anne Chebu

Anleitung zum Schwarz sein

Anne Chebu, geb. 1987 in Nürnberg, hat in Ansbach Multimedia und Kommunikation studiert und arbeitet als TV-Journalistin und Moderatorin.

Seit mehreren Jahren engagiert sie sich in der *Initiative Schwarze Menschen in Deutschland e. V.* (ISD)

Anne Chebu

Anleitung
zum Schwarz sein

UNRAST

Bibliographische Information der Deutschen Bibliothek:
Die Deutsche Bibliothek verzeichnet diese Publikation in
der Deutschen Nationalbibliografie; detaillierte bibliographische Daten sind im Internet über
http://dnb.ddb.de abrufbar.

Anne Chebu
Anleitung zum Schwarz sein

1. Auflage, August 2014
ISBN 978-3-89771-527-1

© UNRAST-Verlag, Münster
Postfach 8020, 48043 Münster – Tel. (0251) 66 62 93
info@unrast-verlag.de – www.unrast-verlag.de
Mitglied in der assoziation Linker Verlage (aLiVe)

Umschlag: Unrast Verlag
Umschlagfoto Vorderseite: © Anne Chebu
(Vielen Dank, dass ihr mit der Veröffentlichung einverstanden seid!)
Umschlagfoto Rückseite: © Noel Richter
Satz: Unrast Verlag
Druck: Interpress

Inhalt

Vorwort   9

Wie kam es zu diesem Buch?   11

Fakten und Begriffe   13

Rassismus – das große Unwort   13

Exotismus   16

Fremdenfeindlichkeit, Rechtsextremismus   17

Fremdbezeichnung – Selbstbezeichnung   18

Politisch korrekte Bezeichnungen   22

Warum wird Schwarz groß geschrieben?   35

Schwarze deutsche Geschichte   36

Alltagsrassismus   49

Die Frage »Woher kommst du?«   49

Thema Haare   52

Schwarz sein für AnfängerInnen   59

Minenfelder des Alltags: ›Witze‹   61

Rassistische Witze von Schwarzen   65

Schwarz sein – Schritt für Schritt: Das Phasen-Modell   68

Schwarze Identitäten   74

Schwarze Selbstwahrnehmung, Schwarzes
Selbstwertgefühl   78

Nächste Mutprobe   82

Weiße Fragen, weißer Blick 85

Black Facing privat: Die Faschingszeit 86
Pippi Langstrumpfs N-König-Vater 90
Schwarz geboren, zum Neger gemacht –
ein Leserbrief von Jonas Hampl 94
Können Sie sich ausweisen? Sonst werden wir Sie
ausweisen … 95

Einen Schritt weiter – eine Gruppe gründen 105

Schluss 111

Literatur- und Medienverzeichnis 113

Bücher 113
Internet 114
Film und Fernsehen 116

Widmung

Für meine Familie,
die, die schon da waren,
und die, die noch kommen.
Die, die mit mir das gleiche Blut teilen,
und die, die mit mir die gleichen Erfahrungen teilen.
Für meine Mutter, die mich stets beschützt hat, wahrgenommen hat
und mir Selbstbewusstsein und Glauben geschenkt hat.
Für meinen Vater, der schon so viel länger als ich stark sein musste
und Kämpfe geführt hat, in einer Gesellschaft, in der er lange allein war.
Sein Lachen und Weglachen der unangenehmen Dinge, hat mir ermöglicht, das Leben mit einer Leichtigkeit zu sehen und nicht zu verbittern

Schwarz
Schwarzsehen
Schwarzmalen
Schwarzer Peter
Schwarzer Tag
Schwarze Haut
Ich bin nicht schwarz
Sondern braun

Black Power
Black is beautiful
Schwarze Zahlen
Kleines Schwarzes
Schwarze Farben
Farben meiner Haut
Färbungen
Hautfärbungen
Ich bin Schwarz.

Vorwort

Wenn ich auf der Straße einer / einem Schwarzen begegne, gibt es zwei verschiedene Reaktionen: die einen lächeln, nicken mir zu und begrüßen mich, die anderen blicken zu Boden oder sitzen im Café am Nachbartisch und stieren verkrampft in ihre Kaffeetassen, als würden sie sich im Kaffeesatz-Lesen üben. Sie wollen auf keinen Fall Blickkontakt. Vielleicht, weil ich sie daran erinnere, wer sie selbst sind.

Aber wenn man ihnen keine weitere Aufmerksamkeit schenkt, kann man bemerken, wie sie einen heimlich mit einer gewissen Neugierde ansehen.

Es ist die Ablehnung der eigenen Hautfarbe auf der einen Seite, auf der anderen Seite steht das Interesse und der innere Wunsch, jemanden zu betrachten, kennenzulernen oder zu sprechen, der so ist wie man selbst. Oder möchte man gerade nicht hinschauen und grüßen, weil man sich damit selbst ›besonders‹ macht – weil Weiße sich ja auch nicht einfach so grüßen?

Seitdem ich mich bewusst mit meinem Schwarzsein auseinandersetze, werde ich plötzlich mit mitleidigen Stimmen von weißen Bekannten gefragt, ob ich denn so schlimme Probleme mit meiner Hautfarbe hätte.

Ich sage dann immer, dass, wenn ich ein Problem hätte, ich mich ja gar nicht so intensiv mit der Thematik beschäftigen könnte. Denn dann hätte ich dafür keine Kraft und erst recht keinen Mut.

Erst einmal führt man wohl den ›Kampf‹ mit sich selbst und dann wird man aktiv und geht nach außen.

Natürlich bedeutet es für einige Weiße, dass etwas nicht in Ordnung sein kann, wenn man etwas anders macht, als sie es gewohnt sind: sich mit seiner Hautfarbe und zwangsweise auch mit ihrer auseinanderzusetzten. Vielleicht bekommen sie auch Angst, dass sie etwas falsch machen.

Weiße Menschen kommen nicht in die Situation, sich Gedanken über ihre Hautfarbe machen zu müssen, da sie in Deutschland der Mehrheitsgesellschaft angehören und eigentlich überall auf der Welt besondere Privilegien genießen.

Das hört natürlich keiner gerne, und niemand möchte von jemand daran erinnert werden, der dieses ›Privileg‹ nicht teilt.

Nein, dass ich mit erhobenem Kopf durch dieses mehrheitlich weiße Land gehe, ist kein Problem, das ich habe.

Ich denke, dass ich das ›Problem‹ eher zuvor hatte.

Im Ungewissen zu sein, Dinge nicht benennen zu können, ist das nicht eher ein Problem?

Ich vergleiche das gerne mit einem Schmerz zwischen den Rippen. Man weiß einfach nicht, woher er kommt. Man kann nichts dagegen tun. Man versucht, eine weniger schmerzliche Position zu finden, verbiegt sich und letztlich schmerzt alles noch viel mehr.

Wenn man mit offenen Augen durch die Welt geht, sieht man, was da zwischen den Rippen steckt: ein Schwert. Erst jetzt kann man sich überlegen, ob man es dort stecken lässt oder versucht, es herauszuziehen.

Ich sehe allem gerne mit offenen Augen entgegen. Auch wenn es unangenehm ist.

Das interessante ist, dass das einem die Angst vor vielen Dingen nimmt.

Denn wenn wir ehrlich sind, treffen wir nicht die freie Entscheidung, uns mit unserer Hautfarbe auseinanderzusetzten. Wir tun es schon seit jeher: die ganze Zeit, jeden Tag, von Geburt an.

Wir können uns aber überlegen, ob wir noch einen Schritt weiter gehen und uns bewusst mit unserer Schwarzen Identität auseinandersetzten wollen?

Wollen wir uns bewusst werden, wer wir eigentlich sind und was unsere Geschichte ist? Möchten wir bewusster durchs Leben gehen?

Zugegeben, das macht das Leben nicht unbedingt einfacher.

Aber zu wissen, wer man ist, macht einen stark. Eine Gruppe zu haben, die einem Halt gibt, schenkt einem Energie. Dann kann man so gut wie alles schaffen. Und wenn man doch auf unüberwindbare Schwierigkeiten stößt, ist man zumindest nicht alleine.

Wie kam es zu diesem Buch?

Durch meine Arbeit in der *Initiative Schwarze Menschen in Deutschland e. V.* (ISD) habe ich Menschen getroffen, die an verschiedenen Punkten ihres Schwarzseins sind. Beim alljährlichen Bundestreffen kommen sie dann mit ihren teilweise sehr unterschiedlichen Einstellungen und Meinungen zusammen. Das kann gerade für ›Neulinge‹ verwirrend und sogar erschreckend sein. Damit sich alle wohl fühlen, habe ich einen Willkommens-Workshop ins Leben gerufen.

Und ich stellte immer wieder fest, dass gerade junge Schwarze Menschen viele Fragen haben und verunsichert sind, wenn sie beginnen, sich mit ihrer Hautfarbe auseinanderzusetzen.

Gerade Schwarze, die in einem rein weißen Umfeld groß geworden sind, fehlt oftmals der Zugang oder eine Ansprechperson zu afrodeutschen Themen.

Es sind Verunsicherungen bei Begrifflichkeiten der Selbstbezeichnung, bis hin zu Verunsicherungen, ob man sich der Schwarzen Community überhaupt anschließen kann, soll oder ›darf‹ – ist man denn ›Schwarz genug‹ dafür? Gehört man denn überhaupt irgendwo dazu?

Da der Wissensstand anfangs noch niedrig ist, ist es manchmal schwer, Vorträgen oder Diskussionen zu folgen, die die Schwarze Wissenschaft betreffen und einen gewissen

Fundus an Wissen voraussetzen. Die Flut der Informationen kann einen überrollen.

Doch was gibt es zu wissen? Wo kann man etwas nachschlagen und warum wird Schwarz groß geschrieben?

All diesen Fragen möchte ich in *Anleitung zum Schwarz sein* nachgehen.

Es sind keine Patentrezepte und natürlich kann man nicht alles verallgemeinern. Ich möchte anhand von Beispielen und Theorien, die ich in Gesprächen oder aufgrund meiner eigenen Erfahrungen entwickelt habe, einen Einblick in Schwarze, deutsche Lebenswelten geben. Ich hoffe, dass sich der / die ein oder andere wiedererkennt und das Buch eine erste Orientierungshilfe bietet.

Fakten und Begriffe

Rassismus – das große Unwort

Spricht man von Rassismus läuten gleich alle Alarmglocken.

Das Wort mit R ist ein Unwort.

Sagt man: »Diese Aussage war rassistisch«, hört man als Antwort: »Ich bin kein Rassist!«

Das eine wird mit dem anderen gleichgesetzt.

Doch was ist eigentlich Rassismus und wer ist ein Rassist? Nur Neo-Nazis oder am Schluss wir alle?

In unserem alltäglichen Sprachgebrauch wird Rassismus mit Rechtsextremismus gleichgesetzt. Deswegen reagieren Leute allergisch, wenn man sie darauf aufmerksam macht, dass ein Wort in ihrem Satz rassistisch war.

Denn für sie heißt das, dass man sie ins rechte Lager einordnet.

Doch was ist das eigentlich, Rassismus?

»Rassismus bezeichnet sowohl Einstellungen (Vorstellungen, Gefühle, Vorurteile) als auch Handlungen, die die Verachtung, Benachteiligung, Ausgrenzung und Unterdrückung bis hin zur physischen Vernichtung von Menschen dadurch legitimieren bzw. in die Tat umsetzen, dass sie eine Auswahl vorhandener körperlicher Merkmale zu ›Rassenmerkmalen‹ zusammenstellen und diese meist negativ bewerten. Durch ihre Verabsolutierung können schließlich unterschiedliche Macht- und Lebenschancen einzelner Menschen oder ganzer Menschengruppen begründet werden. [...]«[1]

»Rassismus ist also [...] die Theorie, dass es verschiedene Menschen-›Rassen‹ gibt, die über bestimmte Veranlagungen verfügen [...]. Rassismus ist nicht erst die negative Reaktion auf einen angeblichen Unterschied, sondern bereits die Behauptung des Unterschieds.«[2]

1 Brockhaus Enzyklopädie; S. 69
2 SOW; Deutschland Schwarz Weiss; S. 78

Es gibt viele detaillierte Rassismus-Definitionen. Für mich ist Rassismus wie ein großes Netz, das aus vielen kleinen und größeren Knoten besteht. Diese sind miteinander verbunden. Dieses Netz ist größer, als man es sich vorstellt. Denn es beginnt mit komischen Fragen auf Partys, geht über sogenannte No-Go-Areas im Osten bis hin zu immer wieder produzierten Bildern in Medien, Schulbüchern und der Politik und schließt sogar Mord mit ein.

All das ist Rassismus, natürlich in unterschiedlichen Ausprägungen. Wenn wir nicht direkt bedroht werden, handelt es sich meist um sogenannte Alltagsrassismen, wie gewisse Fragen oder Wörter. Alltagsrassismus wird von manchen auch ›Champagner-Rassismus‹ genannt. Denn meist beinhaltet er mehr oder weniger ›Luxusprobleme‹, die zwar nerven, aber nicht lebensbedrohlich sind.

Rassismus findet immer dann statt, wenn sich Menschen aufgrund äußerer Merkmale wie Hautfarbe oder auch der Beschaffenheit der Haare diskriminiert fühlen. Also alleine schon die Aussage »Es gibt einen Unterschied, weil du Schwarz bist« ist rassistisch und transportiert Vorurteile, Stereotype, Klischees und Erwartungen.

Diese Ausschließungen basieren meist auf Annahmen aus der Kolonialzeit, die sich bis heute gehalten haben. Dazu kommen Dinge, die man vielleicht nicht oder sehr schwierig machen kann, weil man Schwarz ist (z.B. Nürnberger Christkind werden), oder machen muss, weil man Schwarz ist (z.B. als Schauspieler nur Drogendealer spielen oder ein Referat über Afrika halten).

Wenn davon ausgegangen wird, dass du wegen deiner Hautfarbe etwas gut machen kannst, nennt man das ›positiven Rassismus‹. Er schreibt dir eine besondere Begabung zu, nur weil du Schwarz bist. Zum Beispiel, dass du gut singen oder Basketball spielen kannst. Für mich gibt es keinen ›positiven Rassismus‹. Denn wie gesagt, die Annahme, dass es (biologische) Unterschiede zwischen Schwarz und weiß gibt, ist schon rassistisch.

Denn Schwarz und weiß sind keine eigenen Menschenrassen. Alle Menschen gehören derselben ›Rasse‹ an und diese heißt: Mensch.

Ich verwende im Alltag gerne den Begriff ›rassifizierend‹. Er ist den meisten Menschen weniger bekannt und somit wohl weniger ›erschreckend‹, und er beschreibt gut das Phänomen Alltagsrassismus. Der Philosoph Arnold Farr sagt, dass etwas » rassistisch « ist, wenn die Person es bewusst tut.[3] » Rassifizierend « hingegen fällt keine Aussage darüber, ob bewusst oder unbewusst Rassismen wiedergegeben wurden, ob es sich also um ein rassistisches Verhalten ›ohne böse Absicht‹ handelt.

Eine solche unbewusste rassistische Reproduktion ist zum Beispiel das Bild Schwarzer Menschen auf Plakaten von ›Hilfsorganisationen‹, die Schwarze Menschen als Opfer darstellen. Schwarzsein wird mit dem kolonialen Blick gesehen, der den Schwarzen als passives Wesen wahrnimmt.[4] Dabei wollen diese Organisationen mit ihrer Arbeit eigentlich etwas Gutes bewirken, verhalten sich dabei aber in ihrer Werbepolitik rassistisch.

Rassifizierende Merkmale sind aber auch Bilder, die bewusst produziert werden. Zum Beispiel, wenn Schwarze als ›Buschmänner‹ mit wulstigen Lippen, Baströckchen und Knochen im Haar dargestellt werden. Dann ist diese Figur eine rassifizierende Darstellung – und zwar mit voller Absicht.

Neben den nervigen Alltagssituationen gibt es außerdem den strukturellen Rassismus, der das (berufliche und private) Leben beeinflusst. Darunter versteht man, jenen Rassismus der von gesellschaftlichen Institutionen – Polizei, Justiz, Arbeitsamt, Bildungseinrichtungen etc. – ausgeübt wird oder

3 Vgl. PHILIPP; »Weißsein in den Grundlagendokumenten von Misereor und Brot für die Welt«, vergl. auch FARR; »Wie weiß sein sichtbar wird. Aufklärungsrassismus und die Struktur eines rassifizierten Bewusstseins«
4 Vgl. PHILIPP; »Weißsein in den Grundlagendokumenten von Misereor und Brot für die Welt«

in den Normen und Denkmustern der Mehrheitsgesellschaft wirkmächtig ist.

Wenn zum Beispiel in Schulbüchern rassistische Texte stehen oder ein falsches Afrikabild vermittelt wird, dann ist das struktueller Rassismus.

Diese Art von Rassismus betrifft häufig auch die persönliche Freiheit. Wenn ich zum Beispiel ständig von PolizistInnen kontrolliert werde, schränkt das meine Freiheit ein. Das Gleiche gilt, wenn ich in der Schule rassistische Inhalte lernen muss, die mich verletzen.

Exotismus

Mit Exotismus ist der Blick gemeint, mit dem die westliche Welt Fremdes betrachtet, wenn sie dabei ausschließlich ›exotische‹ Aspekte berücksichtigt.[5]

Vielen ist jedoch nicht bewusst, dass die Bezeichnungen ›Exot‹, ›exotisch‹ oder ›rassig‹ rassistisch sind. Und damit meine ich nicht ihre Verwendung in Bezug auf Nahrungsmittel, sondern in Bezug auf Personen. Oft werden derartige Begriffe sogar als Komplimente gesehen. Doch sie sind das genaue Gegenteil.

Ein ›Exot‹ ist letztendlich ein Fremder, der einen »gewissen Zauber ausstrahlt«[6]. Durch diese Aussage wird wiederum festgelegt, dass ›Weißsein‹ die Norm ist und der ›Exot‹ eine Abweichung von dieser (weißen) Norm darstellt.[7]

Des Weiteren steckt der sogenannte ›Exot‹ voller stereotyper, ihm auferlegter Verhaltensmuster und Eigenschaften. Er gilt als wild, triebhaft, unbändig.

Dass Menschen als »exotisch« beschrieben werden, hat eine lange Tradition. Ebenso lang ist die Geschichte ihrer

---

5 Vgl. de.wikipedia.org/wi5ki/Exotismus

6 HAYN; HORNSCHEIDT; »Exotisch«, erschienen in *Rassismus auf gut Deutsch*; S. 125; zitiert nach DUDEN Deutsches Universalwörterbuch 2003

7 Vgl. HAYN, HORNSCHEIDT; »Exotisch«, erschienen in *Rassismus auf gut Deutsch*; S. 122 ff.

Diskriminierung. So fanden von 1870 bis 1940 ›Völker-schauen‹ in deutschen Tiergärten und Zirkussen statt, in denen Schwarze Menschen (und andere ›Exoten‹ wie z.B. ›Lappländer‹) wie Tiere ausgestellt und vorgeführt wurden. Sie wurden als »Wilde« präsentiert. Paradoxerweise lebten viele dieser Schwarzen Personen schon seit mehreren Generationen in Deutschland und waren genauso deutsch wie die weißen Zuschauer, die kamen, um sie zu begaffen. Bedenkt man, wie prüde die damalige Zeit war und wie hochverschlossen Frauen sich damals kleideten, kann man sich vorstellen, wieso Schwarzen Frauen bis heute das Bild der besonders freizügigen, erotischen Frau anhaftet. Denn Schwarze Frauen wurden gezwungen, halbnackt in den Afrika-Schauen herumzuspringen und -zutanzen.

Der Begriff ›Exotin‹ ist also vorbelastet und eignet sich nicht dafür, eine gut aussehende Frau zu beschreiben, vielmehr findet durch ihn »[...]eine klare (Hetero) Sexualisierung und Hierarchisierung statt [...]«. Die Bezeichnung impliziert bereits den Wunsch des Besitzenwollens. Letztlich ist das ›Exotische‹ immer nur Beiwerk und wird nur so lange akzeptiert, wie es nicht die Norm infrage stellt.[8]

Fremdenfeindlichkeit, Rechtsextremismus

In Zeitungen und in Nachrichtensendungen ist häufig die Rede von fremdenfeindlichen Übergriffen, obwohl es sich nicht um solche handelt. Fremdenfeindlichkeit bedeutet, dass sich die Aggression gegen eine Person richtet, die sofort als fremd wahrgenommen werden kann. Das könnte ein Tourist sein, der eindeutig als solcher erkennbar ist, da er beispielsweise mit einem Reiseführer in der Hand, orientierungslos herumirrt und ›touristische Kleidung‹ trägt.

Eine Person, die jedoch in Deutschland geboren, aufgewachsen ist, hier lebt, arbeitet und die deutsche Sprache fließend spricht, ist nicht fremd – ganz egal, welche Hautfarbe sie hat.

---

8 Vgl. ebd.; S. 126

Eine rechtsextremistische Tat äußert sich dadurch, dass der Täter sich zu dieser als solche bekennt und / oder sich in »spezifischen Vereinigungen organisiert«. Ist dies nicht der Fall, dann handelt es sich um »privat rassistische« Motive des Täters.

Dass Täter, die aus rassistischen Motiven heraus handeln, pauschal als Neo-Nazis bezeichnet werden, ist letztendlich eine weitere Form, das Problem an den Rand der Gesellschaft zu schieben. Somit wird verdrängt, dass Rassismus und rassistische Taten inmitten unserer Gesellschaft stattfinden.[9]

Fremdbezeichnung – Selbstbezeichnung

Hand in Hand mit Rassismus gehen verschiedene Begriffe einher, die verwendet werden, um Menschen, welche keine weiße Hautfarbe besitzen, zu bezeichnen.

Meistens ist es unnötig, Menschen anhand ihrer Hautfarbe zu betiteln. Und man sollte sich überlegen, welcher Nutzen eine solche Information hat. Warum ist es zum Beispiel wichtig, die genaue Nuance einer Hautfarbe zu beschreiben? Das macht man bei Weißen ja auch nicht. Oder habt ihr schon einmal die Aussage »sie hat eine eierschalen-farbige Haut« oder »du bist so schön buchenfarbig« gehört?

Denn die Hautfarbe spiegelt weder den Charakter einer Person noch ihre Herkunft wider. Ein Verweisen auf die nicht-weiße Hautfarbe einer Person macht deutlich, dass der Bezeichner »Weißsein« als Norm sieht und deswegen meint, auf das »Anderssein« einer Person aufmerksam machen zu müssen. Somit wird vermittelt, dass »weiß = normal« und »nicht-weiß = nicht-normal« sei.

Das spielt vor allem in der medialen Berichterstattung eine Rolle. Bei Straftaten wird betont, wenn der Kriminelle

---

9 Vgl. der braune mob e.V.: »Information für Journalisten zum korrekten sprachlichen Umgang mit rechtsextremistischen oder rassistisch motivierten Straftaten«

»dunkelhäutig« ist. In Spielfilmen werden »Drogendealer« und »Gangster« von einem Schwarzen Schauspieler verkörpert.

So verfälscht sich die Wahrnehmung in der Bevölkerung und es kommt leicht das Bild auf, dass alle Schwarzen kriminell, illegal oder beides sind. Folglich sollte man entweder gar keine Hautfarben mehr nennen oder immer – bei jeder Person, sei sie nun Schwarz oder weiß.

> »Menschen, weder weiße noch Schwarze, sollten nie primär über ihre stereotypisierte und homogenisierte, in ein dichotomes Farbraster gepresste Hautfarbe definiert oder benannt werden. [...]
> Dabei [der Benennung von größeren politischen Gruppen] sollte stets die Intention der Anmerkung reflektiert werden.
> So wie bei der Beschreibung von weißen Deutschen eben nur sehr selten explizit hinzugefügt wird, dass es sich um eine weiße Person handelt [...] Genauso sollte diese Information auch bei Schwarzen Menschen nur angeführt werden, wenn dies inhaltlich zuträglich ist, d.h. wenn es z.B. um die politische Positionierung geht.«[10]

Wenn nun aber doch Menschen mit nicht-weißer Hautfarbe bezeichnet werden sollen, sind die Begriffe »Schwarz«, »Afro-Deutsch« und »People / Person of Color« (POC) politisch korrekte Bezeichnungen.

> »POC, [...] rekurriert auf Menschen und Kulturen, die Opfer Weißer hegemonialer Macht und von Rassismus sind, aber keinen afrikanisch geprägten kulturellen Hintergrund haben. Dazu zählen etwa Inder/innen [...]
> Auch türkische Migrant/inn/en in Deutschland greifen auf POC als Selbstbezeichnung zurück.«[11]

Aber auch viele Schwarze Menschen können sich mit dem Begriff POC identifizieren. Er umschließt eine sehr große, vielfältige Gruppe.

Andere Betitelungen wie beispielsweise »Farbige/r, Halb-Schwarze/r, Mischling, Mulatte« oder »Neger/in« sind

---

10 NDUKA-AGWU; »Farbig, Farbiger« erschienen in Rassismus auf gut Deutsch; S. 131
11 ARNDT, HORNSCHEIDT; Afrika und die deutsche Sprache; S. 14

rassistisch. Allerdings ist der Begriff POC nicht unumstritten, da er über das Wort »Color« schnell mit »farbig« verwechselt werden kann.

Wichtig ist auch, dass man zwischen Fremdbezeichnungen und dem Recht der Selbstbenennung unterscheidet. Jeder Mensch sollte das Recht haben, selbst bestimmen zu dürfen, wie sie / er genannt werden möchte.

Wird dieser Wunsch ignoriert und werden trotzdem weiterhin rassistische Begriffe verwendet, macht dies noch einmal sehr deutlich, dass die Schwarze Person nicht ernst genommen wird, also in den Augen des Bezeichnenden keine mündige Person darstellt.

> »Weiße Fremdbenennungen [...] unterstellen Schwarzen Deutschen (und Schwarzen in Deutschland) ein inhärentes Anderssein und implizieren damit eine Infragestellen der deutschen Identität oder Zugehörigkeit.
>
> Die Überbetonung und -bewertung einer von außen wahrgenommenen Hautfarbe nimmt meinst subtile, jedoch hartnäckige Formen an und zieht sich durch schulische, Universitäts- sowie Arbeitslaufbahnen und ist oft auch im privaten Umfeld nicht zu umgehen. [...] «[12]

Also: Erstmal genau überlegen, warum man überhaupt etwas über die Hautfarbe sagen möchte. Warum will man unbedingt beschreiben, dass jemand ›nicht ganz schwarz ist‹? Was für einen Unterschied macht das? Welche rassistischen Bilder werden damit produziert?

Aber: Man sollte es auch nicht übertreiben.

Wenn mit allen Mitteln versucht wird, die Hautfarbe nicht zu nennen, finde ich das übertrieben und etwas albern. Ein richtiger Eiertanz, anstatt einfach zu sagen: »Anne, die Schwarze da vorne ... « Einen lustigen Clip hierzu findet ihr auf YouTube: »Keine Angst vor Schwarz«, übersetzt von

---

12 NDUKA-AGWU; »Farbig, Farbige_r«, erschienen in Rassismus auf gut Deutsch; S. 131

der Edutainment Attacke, das französische Original kommt von Les Indivisibles.[13]

Wann es unpassend ist, Hautfarben anzusprechen und wann nicht, erfordert Taktgefühl, Empathie und gesunden Menschenverstand.

Hier ein paar Beispiele:

Geht gar nicht:
– Verkäuferinnen sagen mir ständig, dass das Outfit ja sooo gut zu meiner Hautfarbe passt.
– Sobald die Kleider-Saison im Frühjahr eröffnet ist, sagen mir weiße Frauen, wie gut ich es habe, da ich keine Strumpfhosen wegen der Winterblässe tragen muss.
– Weiße Frauen sagen mir, sie wären auch gerne so dunkel wie ich.
– Weiße Menschen sagen mir, wie viel dunkle Hautfarbe sie noch als schön empfinden.
– Spitznamen wie »Brown Sugar« oder »Black Beauty«.

Zusammengefasst: Meine Hautfarbe ist kein Modeaccessoir. Auf diese Art von ›Komplimenten‹ kann ich gerne verzichten. Meine Hautfarbe ist keine Sache, die nach Geschmack beurteilt werden kann.

Finde ich okay:
– Wenn ich wirklich im Urlaub oder am Badesee war und mich jemand begrüßt mit:
  »Wow, du bist ja braun geworden.« (Und dabei NICHT lacht, weil er / sie denkt, es wäre witzig, sondern wirklich den Unterschied bemerkt hat.)
– Wenn jemand von mir spricht und meine Hautfarbe als Erkennungsmerkmal nennt. »Kennst du Anne? Die Schwarze aus Nürnberg.«

---

13 http://www.youtube.com/watch?v=U10olZFO1yA

- Wenn mich jemand direkt fragt. »Ich weiß immer nicht, sagt man farbig oder Schwarz? Wie willst du das denn?«

Fazit: Ganz normale Situationen, in denen man auch weißen Menschen etwas zu ihrer Hautfarbe sagen würde (oder eben auch nicht).

Politisch korrekte Bezeichnungen

»Veränderungen
Aus einem Nachkriegsbaby wurde ein Nachkriegskind
Besatzungskind
Mulattin oder auch Mischlings-Mädchen
Farbige
Exotin
Braune
Negerin
Halb und Halb
Kaffeebraune Schönheit
Black Beauty
bis wir uns endlich auf Schwarze einigten
Gesellschaftlicher Erfindungsreichtum
Kreatives Namensspiel im Bezugsrahmen der Unterdrückung
Koloniale Terminologie zur Spaltung der Menschheit
Wissenschaft als Instrument zur Legitimation der Dichotomie«[14]

In einer Studie der Johannes Gutenberg Universität Mainz [15] werden People of Color, die in Deutschland leben, gefragt, wie sie sich selbst bezeichnen. Zur Auswahl stehen 53 verschiedene Begriffe.

Von 170 Befragten antworteten 28%, dass sie sich als Afro-Deutsche, 11% als Schwarze Deutsche und 9% als

---

14 EMDE; »Veränderungen« (Gedicht), abgedruckt in Fürchte Dich nicht, Bleichgesicht!; S. 45
15 Studie »Empirical Study of Black European Identities: German Sample Descriptive Data and Documentation of used Scales and Measures«, der Johannes Gutenberg Universität Mainz; best.uni-mainz.de

Schwarze identifizieren. Nur drei Personen wählten die Bezeichnung ›Mischling‹.

Über 50% der Befragten haben eine (weiße) deutsche Mutter. Meistens sind die Väter Schwarz bzw. People of Color (rund 85%). Obwohl die befragten Personen hauptsächlich aus binationalen und/oder Schwarz-weißen Beziehungen kommen, betrachten sie sich selbst nicht als ›Mischung‹ und möchten sich auch nicht als solche bezeichnen lassen.

Warum nennen sich manche Schwarze selbst N…?

Sklaven wurden »N« genannt. »N« nennen sich auch Hip Hop Homies. Die Idee dahinter war/ist angeblich, dass man zur Abhärtung beleidigende Begriffe verwendet, damit sie weniger verletzend sind. Wie eine Impfung, bei der man den Krankheitserreger in geringer Dosis gespritzt bekommt, damit Abwehrkörper gebildet werden. Ob diese Methode etwas bringt? Ich bezweifle es sehr stark. In meinen Augen bewirkt sie das Gegenteil. Denn solange das »N-Wort« noch überall zu hören ist, wird es auch weiterhin verwendet, von Schwarzen und von Weißen. Wie Gary Jenkins, Rechtsanwalt und Präsident einer Hip-Hop-Plattenfirma passend formulierte, warum er persönlich das N-Worte nicht verwendet: »Meine Leute sind mit diesem Wort gehängt worden... ich wünschte, es würde für immer verschwinden.«[16]

Welche Begriffe sind denn überhaupt rassistisch und warum eigentlich? Rassistische Begriffe und ihre Bedeutung

Viele Begriffe stehen (geschichtlich) miteinander in Verbindung und beinhalten die gleichen Rassismen. Ich zeige euch vor allem die rassistischen Denkmuster und teilweise deren Entstehung auf.

---

16 FISCHER; »Hip-Hop und der Nigga-Gruß. Das vermaledeite N-Wort«, http://www.sueddeutsche.de/kultur/hip-hop-und-der-nigga-gruss-das-vermaledeite-n-wort-1.422839

»Mohr«

Vom 17. bis 19. Jahrhundert wurden Schwarze Menschen als »Mohren« bezeichnet.

Überwiegend waren sie Sklaven des deutschen Adels und Bürgertums und lebten in Deutschland.[17]

Heute sind »Mohren« insbesondere als Firmen-Logos, Produkt-Maskottchen, Straßennamen und Figuren präsent.

> »[›Mohre‹] galten als Statussymbol deutscher Sklav_innenhalter_innen [...] Die M-Figur verbindet Attribute des Dienens [...] mit rassifizierenden Gesichts- und Körperdarstellungen.«[18]

Der Begriff »Mohr« ist letzlich nichts anderes als der Vorreiter des »N-Wortes« und beinhaltet und transportiert die gleichen Rassismen: Ein »Mohr« ist immer ein Diener, der dem weißen Herren in jeder Hinsicht unterlegen ist.

1882 wurde der Begriff von Konrad Duden unter der Rubrik »Rasse« erläutert.[19]

Straßen- und Apothekennamen geben Hinweise darauf, wo besonders viele »Mohren« bzw. »Mohren-Kinder« gelebt haben. Durch Kaufverträge galten diese Kinder oftmals als Pfand. Neben der dienenden Tätigkeit hatten sie auch einen gewissen Unterhaltungswert und galten als Statussymbol. Prinzessin Sissi hatte zum Beispiel ein solches »Mohren-Kind«, um ihre Hofdamen zu erschrecken. Sobald die »Mohren-Kinder« jedoch heranwuchsen und nicht mehr niedlich genug waren, wurden sie oftmals verstoßen.

Die wohl bekannteste Darstellung eines Mohren ist der Sarotti-»Mohr«. Dieser wurde zwar nach Protesten in den »Magier der Sinne« umbenannt, jedoch taucht der ursprüngliche »Mohr« immer wieder auf »nostalgischen« Produkten des Schokoladenherstellers auf.[20]

---

17 Vgl. HAMANN; »Das M-Wort«, erschienen in *Rassismus auf gut Deutsch*; S. 146 - 156
18 Ebd.; S. 146
19 Ebd.; S. 151
20 Vgl. www.derbraunemob.info

Zusammenfassend lässt sich sagen: Das Bild des »Mohren« ist beleidigend und stellt die Kolonialzeit und den Sklavenhandel als »positive« Erinnerung da.

»Neger« (hier N-Wort)

> »Mit dem Aufkommen der modernen Rassentheorien kam der Begriff ›Neger‹ in die deutsche Sprache. Mit dem Rassismus und dem deutschen Imperialismus prägte sich ein zunehmend herablassender Blick auf Menschen dunkler Hautfarbe, den schon Kant, der den Rassebegriff in die deutsche Sprache einführte, in seinen Vorlesungen 1790-1791 skizzierte: sie seien wie Kinder und benötigten Erziehung [...]
>
> Es wurde immer wieder gerne [...] darauf hingewiesen, dass ›dem Neger‹ bestimmte Eigenschaften ›angeboren‹ seien, etwa: ›naturnah‹, ›weniger intelligent‹, ›impulsiv‹, ›wild‹[...] Mit dem Begriff ›Neger‹ sind eine Vielzahl von rassistischen und eurozentristischen Stereotypen verbunden.
>
> Diese [...] Ansichten [wurden als Grundlage genommen], schwarze Menschen als ›minderwertige Rasse‹ zwangszusterilisieren und in Konzentrationslagern zu ermorden.
>
> Dass der Begriff ›Neger‹ für Überlebende und heute lebende schwarze Deutsche nie ohne diffamierenden Beigeschmack bleibt, ist daher durchaus verständlich.«[21]

Obwohl der »N-Begriff« offiziell als rassistisch gilt[22] und es das Allgemeinen Gleichbehandlungsgesetzes (AGG)[23] gibt, das der Umsetzung europarechtlicher Vorgaben zur Antidiskriminierung von Personengruppen dient, wird der Begriff weiterhin verwendet, sowohl für Lebensmittel (»N-Kuss«, »N-Bier«, »Mohren-Eis«) wie auch in den Medien oder für Firmennamen.

Der Pressekodex Ziffer 12 Diskriminierungen sagt zwar: »Niemand darf wegen seines Geschlechts, einer Behinderung oder seiner Zugehörigkeit zu einer ethnischen, religiösen,

---

21 der braune mob e.V.; »Warum nicht ›Neger‹?«
22 Vgl. www.kluge-recht.de
23 Urteil des Neuruppiner Landgerichts 2009 (Aktenzeichen 24 Ns 6/09)

sozialen oder nationalen Gruppe diskriminiert werden«[24], doch viele AutorInnen zeigen wenig Einsicht, wenn sie auf ihre rassistische Wortwahl aufmerksam gemacht werden. Beliebte Ausreden sind: Provokation, Ironie oder Humor.

Doch ganz egal, aus welchen Gründen das »N-Wort« benutzt wird, es ist immer beleidigend, verletzend und erniedrigt Schwarze LeserInnen, ZuschauerInnen und KonsumentInnen.

Die Süßigkeit Schokokuss z.B. bekam den Namen »N-Kuss«, um an die ständig gebückte, unterwürfige Haltung Schwarzer Menschen – in ihrer Funktion als DienerInnen – zu erinnern.[25]

Die ständige Wiederholung bestimmter Begriffe[26] führt außerdem dazu, dass sich diese in den Köpfen der KonsumentInnen festsetzen.

Diese wiederum verwenden dann die rassistischen Bezeichnungen ohne jegliche Reflexion, denn ein Unwohlsein wurde ihnen schon längst durch die allgegenwärtige Verwendung genommen.

Letztlich geht es nur noch um ein Machtspiel. Oder warum sollte man eine Süßigkeit nicht einfach anders nennen können, wenn es Mitmenschen jedes Mal einen Stich versetzt. Will man nicht, dass es diesen Personen gut geht? Will man sie jedes Mal quälen?

> »›Neger sein‹ hieß nie nur ›schwarz sein‹, sondern auch: faul, triebhaft, intellektuell minderwertig und kulturunfähig.«[27]

> »Es erstaunt im übrigen, dass Einzelne heute noch versuchen, die Verwendung von Bezeichnungen zu legitimieren, die die benannte Gruppe bekanntermaßen geschlossen als Beleidigung auffasst. Diese Information allein sollte eigentlich schon Anlass genug sein,

---

24 www.presserat.info

25 Vgl. KELLY; »Das ›N-Wort‹«, erschienen in *Rassismus auf gut Deutsch*; S. 164

26 Vgl. ebd.; S. 158; zitiert nach ARNDT; HORSCHEIDT; »Wörter können sein wie winzige Arsendosen«

27 REKER; »Der ›Bastard‹ bleibt im Gespräch«; spiegelonline.de

eine Bezeichnung zu wählen, die nicht diskriminiert und keine Rassismen enthält.«[28]

»Farbig«

>»Auf breiter gesellschaftlicher Basis wurde nicht verstanden, warum das N-Wort rassistisch war und ist. Der rassistische Gehalt des Begriffs und die mit ihm verbundenen rassistischen Verwendungspraxen wurden nicht als solche gekennzeichnet und blieben bestehen.
>Somit blieben auch die rassistischen Denkmuster [...] bestehen und wurden einfach auf den [...] Begriff [>farbig‹] übertragen.«[29]

Das Wörterbuch der deutschen Gegenwartssprache von 1977 beschreibt, was der Begriff »farbig« bis heute bedeutet: »farbig [...] eine andere Farbe als schwarz oder weiß aufweisend«.[30]

Meist wird mit dem Begriff eine Schwarze Person benannt, deren Hautton nach Ermessen einer weißen Person nicht dunkel genug ist, um »wirklich« schwarz sein zu können.

Auch Kinder, die aus Schwarz-weißen Beziehungen entstanden sind und einen helleren Schwarzen Hautton aufweisen, werden als »Farbige« oder auch »Mischlinge« bezeichnet.

Mit diesen Begriffen geht häufig die Einteilung des Hauttons in eine Farbskala einher, mit den Nuancen: »Capuccino-, Mokka-, oder Latte-Macchiato-Braun«.

Die Mediawatch Organisation der *braune mob e. V.* beschreibt dies als »unangemessene Vergleiche aus dem Bereich der Lebensmittelindustrie oder Holzverarbeitung«.[31]

---

28 der braune mob e.V.; »Warum nicht ›Neger‹?«
29 NDUKA-AGWU; »Farbig, Farbige_r«, erschienen in *Rassismus auf gut Deutsch*; S. 128
30 Ebd., zitiert nach *Wörterbuch der deutschen Gegenwartssprache* 1977
31 der braune mob e.V.; »Information für Journalisten zum korrekten sprachlichen Umgang mit rechtsextremistischen oder rassistisch motivierten Straftaten«

Dass bei weißen Menschen hingegen darauf verzichtet wird, »die genaue Farbnuance mit Zuhilfenahme von Gegenständen zu beschreiben«,[32] zeigt die Idiotie der Einstufung auf.

Anhand dieser Beschreibungen werden die Absurdität und der Bezug zur Rassenlehre deutlich. »Der Begriff ›Farbiger‹ [ist] kolonial besetzt [...]«[33]

Im Englischen wurde der Begriff (»coloured«) während der Segregation in den USA und der Apartheid in Südafrika verwendet.

> »Die Zuordnung zu einer dieser Gruppen geschah relativ willkürlich, insbesondere zwischen Schwarzen und Farbigen. Es kamen dabei ›Tests‹ zum Einsatz, zum Beispiel ob ein in die Haare gesteckter Stift runterfällt, wenn der Proband den Kopf schüttelt. Ist dies der Fall, so war er Farbiger, wenn der Stift stecken blieb, Schwarzer.[...]
> Diese Registrierung in eine Rassenkategorie bestimmte fortan das gesamte Leben. Heiraten zwischen verschiedenen Kategorien wurden kriminalisiert. An öffentlichen Orten war eine strikte Trennung von Weißen und Nicht-Weißen vorgeschrieben.«[34]

Während in den USA seit der Abschaffung von Segregation der Begriff »coloured« durch selbstdefinierende Bezeichnungen wie Black, Afro-American oder African-American ersetzt wurde, wird er in Deutschland immer noch verwendet. Begriffe wie »coloured« oder »farbig« teilten und teilen die Schwarze Bevölkerung in Kategorien ein und bedienen sich hierbei biologistischer Rassenmerkmale.

> »[...] denn anders als ›Schwarz‹ und ›weiß‹, die soziokulturelle Realitäten bezeichnen, bezieht sich ›farbig‹ auf eine ›biologische‹ Einstufung [...]
> [Diese] Einstufungen und Kategorisierungen nach ›rassischen Merkmalen‹ seitens der Medien sind nicht nur wahllos, sondern

32 Ebd.
33 Vgl. der braune mob e.V.; »Informationen für Journalisten zu diskriminierungsfreier Sprache«
34 Vgl. www.kapstadt.com

haben gefährliche Folgen; nicht zuletzt das Signal, ein konstruierter Phänotyp sei ein Persönlichkeitsmerkmal [...]

In England, den USA und Frankreich ist es nicht denkbar, dass seriöse Berichterstattung das Äquivalent der Vokabel ›farbig‹ verwenden würde.«[35]

Also, »farbig« bezieht sich auf angebliche biologische Merkmale (allein die Annahme, dass es biologische Unterschiede zwischen Menschen mit unterschiedlicher Hautfarbe gibt, ist rassistisch) – »Schwarz« hingegen ist politisch und beschreibt sozusagen die Gruppe, zu der die Person gehört.

> »Es ist liebenswürdig gemeint, die verschiedenen Schattierungen der Nicht-Weißen hervorzuheben. Denn damit wird die Botschaft übermittelt: ›Du bist ja gar nicht so schwarz, du bist ja ›nur‹...
> Ich bin also nicht ganz so schmutzig, schlecht, bedrohlich, nur ein bisschen. Es ist gewiß nicht böse gemeint. Und wenn ich ab und zu den Mund aufmache und mich gegen solche Zuordnungen wehre, tja, dann bin ich überempfindlich, dann ist mit mir nicht gut reden. Ja richtig, über diesen Punkt will ich schon lange nicht mehr reden: Ich bin schwarz – und nicht dunkel-, hell- oder sonstwie-braun.«[36]

> »Aufgrund der stark kolonialen Konnotationen, wegen des klar erkennbar euphemisierenden Hintergrunds (es ist verdächtig, wenn jemand ›Schwarz‹ beschönigen möchte, ganz als sei dies etwas unangenehmes), weil ›farbig‹ in der Kontinuität biologistischer Rassekonstruktionen steht, und auch weil es impliziert, dass ›weiß‹ die Norm sei, sollte auf diese Vokabel verzichtet werden.«[37]

In einem Song von LaMont Humphreys wird deutlich, wie lächerlich es ist, Schwarze Menschen farbig zu nennen, da weiße Personen oftmals viel unterschiedlichere Hauttönungen haben:

---

35 der braune mob e.V.; »Es gibt keine ›Farbigen‹«
36 WIEDENROTH; »Was macht mich so anders in den Augen der anderen?«, erschienen in *Farbe bekennen*; S. 165
37 der braune mob e.V. Information für Journalisten zum korrekten sprachlichen Umgang mit rechtsextremistischen oder rassistisch motivierten Straftaten

»When I'm born, I'm black.
When I grow up, I'm even more black
When I'm in the sun, I'm still black
When I'm cold, guess what, I'm black.
And when I die, I'm fucking black, too
but you –
When you are born, you're pink
When you grow up, you're white.
When you're sick, man, look at yourself, you're green
When you go in the sun, you turn red
When you are cold, you turn blue.
And when you die, you turn purple

And you got the nerve to call me coloured«[38]

»Mischling«, »Mulatte« oder ähnliches

»Der Begriff ›Mischling‹ wird auch heute noch in der Alltagssprache für die Kinder schwarzer und weißer Eltern genannt.
Der Begriff setzt voraus, dass weiße und schwarze Menschen unterschiedliches Blut haben, das sich bei den Nachkömmlingen ›mischt‹. Das ist eine Annahme aus der Rassentheorie.
Die Diskriminierung und Vorbehalte, die Menschen anderer Hautfarbe oder anderer Kulturen im Alltag erfahren, beruhen häufig auf einer auch unbewussten Vorstellung, dass die Menschen anderer Kulturen ›von Natur aus‹ anders sind.
Dabei wird in der Regel die eigene Kultur gegenüber der anderen als höherwertig angesehen. Diesen – häufig auch unreflektierten – Alltagsrassismus kann man aber nicht gleichsetzen mit einem rassistischen Weltbild.«[39]

Während der 1930er Jahre galten Kinder aus gemischten Schwarz-weißen Beziehungen als »Bastarde« und wurden manchmal sogar noch stärker diskriminiert als »ganz schwarze« Personen. Denn meistens hatten sich ihre Mütter mit »Negern« eingelassen – eine unverzeihliche Tat. Sie

---

38 Song von LaMont Humphreys; abgedruckt in *der braune mob e.V*; »Informationen für Journalisten zu diskriminierungsfreier Sprache 3 – 4/2008«
39 ROI; »Rassismus im Alltag«; planet-wissen.de

brachten somit Schande über die Familie und das (weiße, »arische«) deutsche Volk.

Die »Sünde« wurde auch gleich deutlich und so rächte sich der »unsittliche Trieb« mit einem »farbigen Mischlingskind«.[40]

Gerade im Schulunterricht ab 1933 wurde in dem Fach »Rassenkunde« gelehrt, dass »Mischlinge« vom Teufel stammen und nur die schlechten Eigenschaften von beiden Rassen erben könnten.[41]

Die »Bastarde, Mischlinge und Farbige« wurden aber andererseits auch als schöner empfunden, da diese »weniger schwarz«, somit weniger »wild« und weniger gefährlich waren.

»Vor allem Schwarze Frauen mit hellerer Hautfarbe galten als besonders ›begehrenswert‹, da sie aus männlicher Sicht die angeblich typischen ›positiven‹ Eigenschaften weißer und schwarzer Frauen in sich vereinigten.«[42]

Dieses »Schönheitsideal« gilt teilweise leider noch heute.

Aus diesem Grund bleichen sich viele Menschen die Haut, um »heller« zu werden und somit auch »hübscher«. Oftmals hört man auch Sätze wie »schön hell« oder »zum Glück nicht zu dunkel« in Bezug auf die Hautfarbe einer schwarzen Person »Farbig« ist also ein Euphemismus, eine Verniedlichung für Schwarz[43].

Warum wird betont, wie dunkel oder hell eine Person ist? Werden hellere Schwarze eher mit einer westlichen Erziehung und Kultur in Zusammenhang gebracht? Sind sie somit nicht aus Afrika? Sind sie weniger afrikanisch, weniger fremd, weniger wild, weniger gefährlich?

---

40 Vgl. KRON; *Fürchte Dich nicht, Bleichgesicht!*; S. 42 ff
41 Vgl. OGUNTOYE, OPITZ (AYIM), SCHULTZ; *Farbe bekennen*; S. 70
42 KRON; *Fürchte Dich nicht, Bleichgesicht!*; S. 30
43 der *braune mob e.V.* Information für Journalisten zum korrekten sprachlichen Umgang mit rechtsextremistischen oder rassistisch motivierten Straftaten

Die Hautfarbe wird von vielen mit einer Nationalität oder Kultur gleichgesetzt, die man nicht kennt, vor der man sich fürchtet oder die man als exotisches Reiseziel bestaunt. Schwarz ist also immer noch fremd oder sogar unheimlich.

Dies wiederum ist der Grund, warum einige Schwarze Deutsche sich selbst nicht als Schwarz bezeichnen.

Sie übernehmen die Werte ihrer hauptsächlich weißen Gesellschaft und möchten nicht dieser Gruppe angehören (Schwarz = negativ, hässlich).

Aber sie erfahren auch Ablehnung aus den eigenen Reihen, von Personen, die wiederum das Bild »umso heller, umso schöner« verinnerlicht haben. So kann es vorkommen, dass eine »zu helle« schwarze Hautfarbe ein Hinderungsgrund ist, sich der Schwarzen Gruppe zugehörig zu fühlen.

Auch May Ayim, Poetin und eine der ersten Schwarzen deutschen Aktivistinnen, machte diese Erfahrung in Afrika:

> »[...] Allerdings hat es mich sehr bedrückt, als ich in Kenia festgestellt habe, wie unglaublich wichtig es dort ist, mindestens so wichtig wie hier [Deutschland], eine schmale Nase, glatte Haare zu haben und möglichst nicht so dunkel zu sein.
> Es gibt dort Cremes, um die Hautfarbe aufzuhellen, und für wichtige Feste versuchen die Frauen, mit heißen Kämmen ihre Haare zu glätten. [...] «[44]

Der Rassismus unter Schwarzen Menschen anhand der Farbnuance ihrer Haut erklärt sich, wenn auf die Kolonialzeit, Apartheid und Segregation zurückgeblickt wird.

Hier gab es deutliche Unterschiede zwischen den verschiedenen Hautfarben der Schwarzen Gruppen. Hellere Personen erhielten von den Weißen gewisse Vorteile, wollten nicht mehr wie eine »primitive« Schwarze leben und sonderten sich ab (vielleicht aber auch, weil sie selbst nicht mehr wussten, wo sie hingehörten und warum ausgerechnet sie ein

---

44 OGUNTOYE, OPITZ (AYIM), SCHULTZ; *Farbe bekennen*; S. 146

bisschen besser behandelt wurden).[45] Mit diesem Verhalten zogen sie andererseits wieder den Unmut der »dunkleren« Schwarzen Menschen auf sich.

Dieses Phänomen, »Rassismus« in der eigenen Gruppe besteht bis heute und wird mit »Colorism« oder auch »Shadeism« bezeichnet.[46]

Letztendlich wurden aber alle Schwarzen Menschen unterdrückt und gedemütigt. Das zeigt, wie absurd, überflüssig und sogar gefährlich die Unterscheidung der nicht-weißen Hautfarbe ist.

Aus diesem Grund ist es wichtig, dass alle Personen, die nicht weiß sind und der afrikanischen Diaspora angehören (auch über mehrere Generationen) als Schwarz bezeichnet werden.

Eine Unterscheidung innerhalb der Schwarzen Gruppierungen wiederholt letztendlich genau die Rassismen, die seit Jahrhunderten gegen Schwarze Menschen angewendet werden und bekämpft diese nicht.

Die Gruppe kann noch weiter gefasst werden und alle Personen, die nicht weiß sind (somit auch türkische oder asiatische Mitbürger), als People of Color (POC) miteinschließen.

»Schwarzafrika«, »SchwarzafrikanerIn«, »Schwarzer Kontinent«

Eine ähnlich unbewusst rassistisch verwendete Bezeichnung ist die des »Schwarzafrikaners«. Als ein Überbleibsel aus der Kolonialzeit hat sie sich im Sprachgebrauch der deutschen

---

45 Regisseur Francis Ford Coppola versetzte das Publikum 1984 mit dem Gangster- und Musikfilm »Cotton Club« in das New York der 20er Jahre zurück, welches von Rassentrennung geprägt war. Schauplatz ist der Jazz-Club »Cotton Club«, der tatsächlich existierte. Der Film handelt auch von der Afro-Amerikanischen Sängerin Lonette McKee (gespielt von Lisa Jane Persky), die aufgrund ihrer sehr hellen Hautfarbe berufliche Vorteile hat und sich als »Weiße« ausgibt.
46 THIYAGARAJAH; Dokumentarfilm »Shadeism«

Medien, vor allem auch in eher linksgerichteten Medien festgesetzt.

Bei der Unterteilung in »Schwarzafrika« und »Weißafrika« bzw. »subsaharisches Afrika« oder ähnliches ging es vor allem darum, deutlich zu machen, welche Länder und Kulturkreise aufgewertet und in welchen Gebieten Sklavenhandel und koloniale Herrenverhältnisse akzeptiert und angewendet werden konnten.[47] Gebiete, die bereits erfolgreich kolonialisiert worden waren bzw. über eine sogenannte »Hochkultur« verfügten, wurden als »Weißafrika« bezeichnet (unabhängig von der tatsächlichen geografischen Lage, wie bei Südafrika).[48]

Auch suggerieren diese Bezeichnungen, dass es sich bei diesen Gebieten um homogene Räume handeln würde. Die unterschiedlichen Kulturen, Sprachen, Religionen und Landschaften werden außer Acht gelassen.

Es ist faktisch falsch, die »subsaharischen« Länder alle gleichzusetzen. Dies ist, als würde man Deutschland, Österreich und die Schweiz in einen Topf werfen, wobei sich die BewohnerInnen dieser Länder immerhin sprachlich noch verständigen könnten.

Im Zusammenhang mit Bezeichnungen wie »Schwarzafrika«, »Schwarzer Kontinent« oder »Afrikas schwarzes Herz« wird »Schwarz« keineswegs als politischer Begriff gesehen, sondern als Metapher für »dunkel, unheimlich« und »gefährlich«; mitunter wird »Schwarz« sogar als Bezeichnung für eine eigene »Rasse« verwendet.[49]

---

47 Vgl. MACHNIK; »Schwarzafrika«, erschienen in *Afrika und die deutsche Sprache*; S. 204 ff.
48 Vgl. ebd.
49 Vgl. MACHNIK; »Schwarzer Kontinent«, erschienen in *Afrika und die deutsche Sprache*; S. 207 ff.

Warum wird Schwarz groß geschrieben?

Da »Schwarz« keine Farbe ist, sondern eine politische Bezeichnung, ein selbst gewählter Eigenname, wird es groß geschrieben. Dies soll deutlich machen, dass Schwarz sein eben keine Eigenschaft ist. Wenn du Schwarz groß schreibst, zeigst du, dass Schwarz sein mehr ist als die Hautfarbe.

Schwarze deutsche Geschichte

Wusstest du eigentlich, dass Schwarze Deutsche keine Erfindung der Gegenwart sind, sondern es schon seit über 300 Jahren Afro-Deutsche gibt? Manche kamen als Studenten nach Deutschland, andere wurden gezwungen, als Diener zu arbeiten, andere wurden vorgezeigt wie ein seltenes wildes Tier.

Wie kommt das? Was viele Deutsche nicht wissen, auch Deutschland hatte Kolonien. Genau wie Großbritannien oder Frankreich. Nur war die deutsche Kolonialzeit kürzer, aber nicht weniger brutal. Afrikaner wurden in dieser Zeit genauso misshandelt und zur Arbeit gezwungen wie in allen anderen Kolonien auch. Ganze Völker wurden ausgerottet. Viele der rassistischen Bilder und Begriffe stammen genau aus dieser Zeit.

1452 erlaubte Papst Nikolaus V. die Sklaverei. Die Deutschen nahmen viele Jahre später, Mitte des 16. Jahrhunderts, am Sklavenhandel teil. Afrikanische Kinder wurden als »Mohren« an europäische Königshäuser verkauft oder verschenkt.[50]

Einer der weltweit größten Sklavenhändler war ein Deutscher: Carl Schimmerlmann. 2006 wurde unfassbarerweise ihm zu Ehren in Hamburg eine Statue aufgestellt Nach anhaltenden politischen Protesten und dem Engagement von KünstlerInnen, die sich kreativ mit dem Denkmal auseinandersetzten, verschwand die Statue wieder. Aber diese Büste ist nicht die Ausnahme.

In Deutschland gibt es viele Straßennamen und Denkmäler, die >positiv< an Sklavenhändler und die Kolonialzeit erinnern. Schmerzhaft für Schwarze und Nachkommen der damals versklavten Menschen.

---

50 Vgl. HERZBERGER-FOFANA; Berlin 125 Jahre danach; S. 13 ff

1640 entstand die brandenburgisch-preußische Kolonie Großfriedrichsburg in Ghana, sie wurde 43 Jahre später feierlich eingeweiht.

Doch die eigentliche Geschichte der deutschen Kolonien begann nach großer politischer Diskussion 1884. Erst wollte Bismark nichts von Kolonien wissen, doch dann änderte er seine Meinung und machte die positiven Auswirkungen von Kolonien sogar zu seinem Wahlkampfthema.

Das heutige Namibia sowie Tansania, Burundi, Ruanda, Kamerun und Togo wurden in den nächsten Jahren zu »Schutzgebieten« erklärt – also zu deutschen Kolonien.

Kolonialpolitik, das war vor allem Schiffshandel und Missionierung. Wer nicht freiwillig seinen Glauben aufgeben wollte, um zum Christentum zu konvertieren, wurde sehr oft brutal dazu gezwungen. »Die Sklaverei und der Kolonialismus wurden notfalls mit Bibelsprüchen und dem Fluch – einer besonders göttlichen Verwünschung, der auf der schwarzen Rasse lastete – gerechtfertigt.«[51]

Missionare verbreiteten Lügen über Schwarze Menschen (Faulheit, Hässlichkeit, Dummheit, sexuelle Triebhaftigkeit etc.), die bis heute deutsche Vorurteile prägen und uns Schwarzen anhaften.

In dieser Zeit kam auch ein junger Mann aus einer Kameruner Fürstenfamilie nach Deutschland, um hier zu studieren: Theophilus Wonja Michael. Sein Sohn lebt bis heute: Theodor Wonja Michael. Ich hatte die große Ehre, ihn schon öfter zu treffen. Er hat seine und die Geschichte seiner Eltern in dem Buch *Deutsch sein und Schwarz dazu* zusammengefasst.

Die Kolonialzeit ist eine Zeit, in der unbeschreiblich grausame Gewalttaten gegen AfrikanerInnen verübt wurden.

Durch künstlich angelegte Grenzen, die bis heute Afrika teilen, und die damit verbundene Umsiedlung der Afrika-

---

51 Ebd., S. 39

nerInnen, kam es schließlich sogar zu einem Genozid in »Südwestafrika« (Namibia) an den Herero und Nama.

> »Die zunehmende Willkür und Aggression von weißen Siedlern gegenüber Afrikanern, die sogenannte ›Herrenpolitik‹, wurden zum Zündstoff für die blutige Auseinandersetzung. Die weißen Siedler taten sich durch Rassismus, Misshandlungen, rohe Gewalt, excessive Anwendung der Prügelstrafe und Vergewaltigungen an schwarzen Frauen hervor.
> Hierzu kam die Ausbeutung durch betrügerische Kredite mit hohen Zinsen [...]«[52]

Am 12. Januar 1904 erhoben sich alle Herero-Volksgruppen, um sich gegen die Sklaverei zu wehren. Doch der deutsche »Vernichtungsbefehl« kostete schließlich 85.000 Menschen des 100.000 großen Herero- und Nama-Volks das Leben.

Die Herero wurden beinahe komplett ausgerottet.

> »So wehrten sich die Herero und Nama im heutigen Namibia gegen die deutsche Kolonialmacht. Die Schlacht am Waterberg unter General von Trotha 1904 glich einem Vernichtungsfeldzug. [...] Wie schwierig diese Geschichte immer noch ist, zeigte sich im vergangenen Jahr bei der Rückgabe der Schädel der ermordeten Volksgruppen in Berlin. Die Charité entschuldigte sich für die Grausamkeiten kolonialer Forschung. Nicht so die Bundesregierung. Bei der Zeremonie kam es zum Eklat. Die Staatsministerin im Auswärtigen Amt, Cornelia Pieper, wurde ausgebuht. Sie verließ vorzeitig die Feier.«[53] (2011)

Auch die zweite Übergabe der Gebeine im März 2014 enttäuschte die Schwarze Community. Es wurden keine VertreterInnen der Herero, Nama und San eingeladen, nicht einmal das von Namibia vorgeschlagene Bündnis *Völkermord verjährt nicht*.

Der namibische Kultusminister Jerry Ekandjo empfing die Knochen, die in Pappkartons übergeben wurden. Ein

---

52 Ebd., S. 59
53 HARUNA Hadija, Der vergessene Völkermord; http://www.tagesspiegel.de/kultur/geschichte-der-vergessene-voelkermord/6816666.html

paar Tage zuvor hatte er weitere Gebeine von der Universität Freiburg erhalten.

Auf eine offizielle Entschuldigung der Bundesregierung wartete man erneut vergebens.

Dies sorgte vor allem in Namibia für großen Ärger. Die Herero und Nama boykottierten den Empfang der Gebeine in Windhoek.

> »Denn die von der deutschen Regierung nicht nach Berlin geladenen Traditional Leaders und Opferverbände der Nama und Herero, die bei der ersten Repatriierung von Gebeinen 2011 noch dabei waren und in Berlin Reparationsforderungen erhoben hatten, boykottierten den Staatsakt. Am Tag der aktuellen Übergabe ihrer Ahnen in Berlin hatten sich die Opferverbände auf einer gemeinsamen Pressekonferenz in Namibia mit scharfen Worten darüber beschwert, dass sie entgegen aller Absprachen nicht eingeladen worden waren. In ihrer Pressemitteilung ist von einem Komplott der Bundesregierung die Rede, die sich aus ihrer historischen Verantwortung stehlen wolle und die Opferverbände daher von der Übergabe in Berlin ausgeschlossen hätte.« [54]

Gewalt und Unterdrückung gehörten in allen Kolonien zum Alltag. Die weißen Siedler, die sich loyal gegenüber AfrikanerInnen verhielten, mussten mit schlimmen Folgen rechnen.

Trotzdem stieg die Zahl der Ehen zwischen Deutschen und Afrikanerinnen. Immer mehr Kinder wurden geboren. Doch diese Babys kamen als »Bastard-Kinder«, ohne jegliche Rechte zur Welt. 1905 wurde das gesetzlich geregelt. Alle Ehen wurden aufgehoben und den Kindern ihre Rechte aberkannt.

So verloren sie sowohl ihre deutsche Staatsbürgerschaft als auch ihr Recht als Erben. Doch nicht alle wollten das einfach so akzeptieren. Wilhelm Panzlaff klagte sein Recht der Eheschließung ein und gewann den Prozess.[55]

---

54 Pressemeldung vom 7.3.14 »Eklat in Windhoek«; http://www.berlin-postkolonial.de
55 1894 hatte er Magdalena von Wyk kirchlich geheiratet: KUNDRUS Birthe; Moderne Imperialisten: das Kaiserreich im Spiegel seiner Kolonien; S. 241

Aber schon bald, nämlich 1909, folgte ein »Kolonialblutschutzgesetz«, das »Mischehen« zwischen Deutschen, AfrikanerInnen und Afro-Deutschen verbot.

Weiße Männer, die mit einer »Eingeborenen« unverheiratet zusammen waren, verloren bis zu 25 Jahren ihre Zivilrechte und mussten sogar mit der Todesstrafe rechnen.

Was wir höchstens von Tierversuchen kennen, wurde damals mit AfrikanerInnen gemacht. »So wie im Nazi-Deutschland wurden in Namibia pseudo-wissenschaftliche Medizinversuche bei Menschen durchgeführt.«[56] Die Tests an Schwarzen Menschen dienten dem Zweck, die an Schwarzen Menschen begangenen grausamen Taten im Nachhinein zu rechtfertigen.

Der Anthropologe der Universität Göttingen, Eugen Fischer, unterzog z.B. die Gehirne der Herero gründlichen Messungen.[57] Anschließend sprach er von den schlimmen Folgen der »Rassenmischung«. Was Außenminister Joschka Fischer jedoch nicht ansprach, waren die vielen Vergewaltigungen Schwarzer Frauen, die dann afro-deutsche Kinder zur Welt brachten.[58]

1919 wurden als Folge des Versailler Friedensabkommens die deutschen Kolonien an Frankreich und Großbritannien übertragen. Teile des Rheinlandes wurden von französischen Kolonialtruppen besetzt, also von afrikanischen Soldaten, die für Frankreich kämpfen mussten.

Gegen diese Besatzungssoldaten und deren afro-deutsche Kinder entstand eine öffentliche Hetzkampagne. Dort le-

56 HERZBERGER-FOFANA; *Berlin 125 Jahre danach*, S. 81
57 »Heute noch ruhen über 200 afrikanische Köpfe in den deutschen Archiven in Berlin. 2004 entdeckte sogar ein tansanischer Doktorand den Kopf seines Großvaters in der deutschen Hauptstadt.« (Ebd.)
58 Deutschland drückte sich erfolgreich um eine Entschuldigung. Fischer ordnete die Ereignisse als »nicht entschädigungsrelevant« ein. Katuutire Kaura, Mitglied des namibischen Parlaments, äußerte sich anschließend entrüstet: »Die deutsche Regierung ignoriert uns vollständig.« (http://www.spiegel.de/wissenschaft/mensch/berliner-charite-rueckgabe-von-kolonialzeit-schaedeln-endet-im-streit-a-789434.html)

bende Schwarze Menschen wurden abschätzig als »Schwarze Schmach« bezeichnet und verschiedene Vereinigungen wurden gegründet, um den »Kampf gegen die Schwarze Schmach« zu führen. Dies ließ die Lebensbedingungen der Afro-Deutschen drastisch verschlechtern

AfrikanerInnen wurden staatenlos, solange sie nicht einen britischen oder französischen Reisepass beantragten. Die meisten Personen verloren ihre Anstellung. Als Verdienstmöglichkeit blieb vielen nur noch die Unterhaltungsbranche, das hieß Musik oder erniedrigende Völkerschauen und Kolonialfilme.

Julius B. Franklin arbeitet z. Zt. an dem Film »Rheinland«, der sich mit dieser Zeit beschäftigt.

Nach dem Machtantritt der Nationalsozialisten 1933 verschlimmerte sich die Situation. Schwarzen Deutschen wurde die deutsche Staatsbürgerschaft aberkannt, fast alle verloren ihre Arbeit.

In den folgenden Jahren wurden afro-deutsche Personen rassenanthropologisch untersucht, enteignet, zwangssterilisiert und in Arbeits- und Konzentrationslager verschleppt.[59]

Leider ist heutzutage den meisten nicht bewusst, wie es Schwarzen Menschen in dieser Zeit ergangen ist. Gert Schramm ist afro-deutsch und hat den Holocaust überlebt. Sein afro-amerikanischer Vater kam Mitte der zwanziger Jahre als Ingenieur nach Deutschland, um dort eine Brücke zu bauen. Er verliebte sich in die Tochter seines Schneiders, doch sie durften nicht heiraten. Ihr Sohn wurde 14 Jahre später ins KZ Buchenwald deportiert.[60]

Die Zeit im Nationalsozialismus beschreibt Gert Schramm in seinem Buch *Wer hat Angst vorm Schwarzen Mann?*

59 Vgl. SOW; *Deutschland Schwarz Weiss*; S. 92 ff.
60 Vgl. KEMPIS; GUPTA; »Der Schwarze, der Buchenwald überlebte«; sueddeutsche.de

»Es fällt mir bis heute nicht leicht, über meine Zeit im KZ zu reden. Ich fühle mich jedes Mal aufs Neue in die damalige Situation zurückversetzt [...]

Doch wenn ich in die Gesichter der jungen Menschen schaue [...] spüre ich, dass ich als Zeitzeuge tatsächlich etwas bewirke.«[61]

Nicht nur, dass die Geschichte Schwarzer Menschen in unserer Gesellschaft relativ unbekannt ist, auch gab es von staatlicher Seite keine Anerkennung der politischen und ethnischen Verfolgung und somit auch keine Entschädigung für Afro-Deutsche, die den Nationalsozialismus überlebten. Schätzungsweise mussten 2.000 Schwarze Menschen in Konzentrations- und Internierungslagern ihr Leben lassen.[62]

Die Afro-Deutsche Marie Nejar konnte diesem Tod entgehen. Sie wurde 1930 geboren und wuchs in Hamburg, mitten auf St. Pauli auf. Sie spielte in Kolonialfilmen mit und lernte dort auch Theodor Wonja Michael kennen. Später wurde Marie als Schlagersängerin bekannt. Doch die Klischees wurde sie nicht so schnell los. Ihr Künstlername war »Laila Negra«, ihr größter Hit »Mach nicht so traurige Augen, weil du ein Negerlein bist«. So heißt auch ihr Buch. Weil sie die unmündige Kindchenrolle satt hatte, wurde sie schließlich Krankenschwester. Marie zeichnet vor allem ihr positives Gemüt aus. Sie strahlt von innen und sieht trotz all der Dinge, die sie erlebt hat, dem Leben positiv entgegen.

Neben Marie Nejar und Theodor Wonja Michael gibt es noch zwei weitere mir bekannte Afro-Deutsche, die den Nationalsozialismus überlebten und ihre Geschichten in Büchern veröffentlichten: Hans-Jürgen Massaquoi, gestorben 2013 (*Neger, Neger, Schornsteinfeger*) und Gert Schramm, 85 Jahre alt (*Wer hat Angst vorm schwarzen Mann*).

Schwarze Menschen bekamen nach dem Kriegsende keine öffentliche Entschuldigung. Ihnen wurde das Leben weiterhin schwergemacht.

---

61 SCHRAMM; *Wer hat Angst vorm schwarzen Mann*; S. 265
62 Vgl. KRON; *Fürchte Dich nicht, Bleichgesicht!*

Rassismus war immer noch allgegenwärtig und hatte sich auch in der Bürokratie festgesetzt. Es konnte Jahre dauern, bis Schwarze Deutsche ihre Staatsbürgerschaft zurück erhielten.

> »'47 beantragte ich wieder die deutsche Staatsangehörigkeit. Und 1963 habe ich sie endlich erhalten. Dabei wurde ich auch noch gefragt, ob ich eine Quittung darüber hätte, daß ich sie verloren habe. Welch ein Irrwitz! Einen Deutschaufsatz mußte ich schreiben, um zu beweisen, daß ich fehlerfrei schreiben konnte. Mein Taufschein und alle anderen Papiere galten nichts; ich wurde behandelt wie eine Fremde.
> Ich weiß auch, warum sich das so lange hingezogen hat: Weil ich nämlich von Rechts wegen Deutsche bin, und sie mir deshalb eine Entschädigung hätten zahlen müssen.«[63]

Durch die Alliierten kamen zwischen 1946 und 1955 schätzungsweise 5.000 afro-deutsche Kinder in West-Deutschland zur Welt. Doch trotz Kriegsende war der Rassismus immer noch spürbar vorhanden. Weiße Mütter von Schwarzen Kindern wurden angefeindet. Die afro-amerikanischen Väter konnten oft keine Verantwortung für ihre junge Familie übernehmen, denn in den USA herrschte zu dieser Zeit noch die Rassentrennung und Verbindungen zwischen Weißen und Schwarzen waren strengstens verboten. Sobald ein Offizier etwas von so einer weiß-Schwarzen Liebe erfuhr, wurden die Soldaten versetzt.

Alleinerziehende Mütter erlagen hundertfach dem gesellschaftlichen Druck und gaben schließlich ihre »Brown Babies« zur Adoption frei. Viele Kinder kamen ins Kinderheim, mindestens 100 afro-deutsche Kinder wurden von Schwarzen Familien in den USA aufgenommen.[64] Auch wurden Kinder heimlich nach Dänemark weggegeben.[65]

63 OGUNTOYE, OPITZ (AYIM), SCHULTZ; *Farbe bekennen*; S. 81 ff.
64 KIRST; *Brown Babies – Deutschlands verlorene Kinder* (Dokumentation); arte.tv
65 NDR, Schleswig-Holstein Magazin, Zeitreise: Kinderimporte nach Dänemark, Ausgestrahlt am 1.6.2014 http:/ www.ndr.de/fern-

Wie würde Deutschland aussehen, wenn diese Kinder nicht nach Amerika geschickt worden wären? Gäbe es mehr Schwarze Apotheker, Busfahrerinnen, Ärzte und Lehrerinnen? Die »Brown Babies« hatten nicht unbedingt ein besseres Leben in den Staaten, denn dort herrschte noch Rassentrennung. Viele Kinder, die in Deutschland in gutbürgerlichen Verhältnissen gelebt hatten, wurden nun als ›kostenlose Arbeitskraft‹ auf dem Feld eingesetzt. Oft waren die Bleiben sehr einfach, ohne Strom und fließend Wasser. Für Schwarze Amerikaner war es aber ein großer Schritt, denn zuvor war es Schwarzen verboten gewesen, Kinder zu adoptieren. Somit war Deutschland die »Brown Babies« los und in den USA hatte man einen kleinen Schritt in der Bürgerrechtsbewegung nach vorne getan. Doch dies geschah alles auf Kosten der Kinder. Die Babys und Kinder von damals sind inzwischen alt geworden und gut vernetzt. In Internetforen wie »Black Germans Network« und auf Konferenzen tauschen sie sich über diese Zeit aus. Viele suchen nach ihren Müttern.

1952 wurden die ersten dieser afro-deutschen Kinder eingeschult.

Das »Problem der N-kinder« wurde in der Öffentlichkeit thematisiert.

Der Film *Toxi* kam in die Kinos und war ein Erfolg. Der Film thematisierte erstmals die Situation afro-deutscher Kinder. Das »Happy End« sah so aus, dass die kleine Toxi endlich von ihrem US-Vater ›nach Hause‹ geholt wurde.

Auch im Bundestag wurde diskutiert. Luise Rehling, CDU-Abgeordnete, äußerte sich in der Bundestagsdebatte vom 12. März 1952 wie folgt:

> »Eine besondere Gruppe unter den Besatzungskindern
> bilden die 3093 Negermischlinge, die ein menschliches und rassi-
> sches Problem besonderer Art darstellen. [...] Die verantwortlichen

sehen/sendungen/schleswig-holstein_magazin/zeitreise/Kinderim-
porte-nach-Daenemark,zeitreise796.html

Stellen der freien und behördlichen Jugendpflege haben sich schon seit Jahren Gedanken über das Schicksal dieser Mischlingskinder gemacht, denen schon allein die klimatischen Bedingungen in unserem Land nicht gemäß sind. Man hat erwogen, ob es nicht besser für sie sei, wenn man sie in das Heimatland ihrer Väter verbrächte. [...] Diese Mischlingsfrage wird also ein innerdeutsches Problem bleiben, das nicht einfach zu lösen sein wird. [...] Bei ihrer Einschulung beginnt für die Mischlingskinder nicht nur ein neuer Lebensabschnitt, sondern sie treten auch in einen neuen Lebensraum ein aus ihrer bisherigen Abgeschlossenheit. Sie fallen auf durch ihre Farbigkeit [...] Bemühen wir uns daher, in Deutschland den Mischlingen nicht nur die gesetzliche, sondern auch die menschliche Gleichberechtigung zu gewähren! [...] Ich meine, wir hätten hier die Gelegenheit, einen Teil der Schuld abzutragen, die der Nationalsozialismus durch seinen Rassendünkel auf das deutsche Volk geladen hat.« [66]

Eine Frau aus dieser Zeit ist Lisa Hein Dixon. Sie wurde 1946 geboren und war auch ein »Besatzungskind«. Doch sie wuchs in Deutschland auf.

»In Dixons Fall hieß das: in einer Pflegefamilie und im Kinderheim. Jeden Sonntag nach der Kirche durfte sie gemeinsam mit ihrer weißen Halbschwester für einige Stunden die Mutter besuchen. Die Mädchen konnten nicht bei der Mutter wohnen, weil es für alleinstehende Mütter damals nahezu unmöglich war, eine Wohnung zu bekommen. So schlug sich die Mutter als Hausangestellte mit Kost und Logis durch. In die USA kam Dixon erst mit 25, heiratete ›sozusagen den erstbesten Amerikaner‹, nur um aus Deutschland wegzukommen.« [67]

---

66 Verhandlungen des Deutschen Bundestages, Stenographische Berichte, 1. Legislaturperiode, Bd. 10 198. Sitzung am 12. März 1952, Punkt 10 der Tagesordnung, S.8505ff. (http://de.wikipedia.org/wiki/Brown_Babies)
67 REKER Judith; »Schauen, wie das ist, deutsch zu sein«; Die Wochen Zeitung; http://www.woz.ch/1145/black-germans/schauen-wie-das-ist-deutsch-zu-sein (Vgl. Yara-Colette Lemke Muniz de Faria »Zwischen Fürsorge und Ausgrenzung: afrodeutsche ›Besatzungs-kinder‹ im Nachkriegsdeutschland«)

Rassismus war aber nicht nur ein sozial-gesellschaftliches Problem. Bis 1960 wurden anthropologische und psychologische Studien an afro-deutschen Nachkommen und Untersuchungen zur biologischen und sozialen Folge von »Rassenmischung« durchgeführt.

Währenddessen wurden in der DDR ab 1951 neben den afrikanischen StudentInnen auch MigrantInnen und Kriegsflüchtlinge aufgenommen.

Die Anwerbung marokkanischer und tunesischer Arbeitsmigranten zwischen 1961 und 1963 ist vielen genauso wenig bekannt wie die Tatsache, dass die Passrückführung für Schwarze Deutsche erst 1974 beendet wurde.

1968 machten Gerhard Bökel und Malies Nehrstede, Redakteure der Zeitung *Frankfurter Rundschau*, darauf aufmerksam, dass weiße Frauen unter Zwang auf Geschlechtskrankheiten untersucht wurden, wenn sie mit Schwarzen Männern ausgegangen waren.[68]

Wurden in den 1970er Jahren eine Vielzahl von AfrikanerInnen sowohl in Ostdeutschland als Auszubildende wie in Westdeutschland als Flüchtlinge aufgenommen, häuften sich mit der Wende 1989/90 die rassistischen Übergriffe. Seitdem sind über 100 Menschen offiziell durch rassistische Gewalt gestorben. Ein britischer Gerichtshof entschied 2000, dass Deutschland nicht als sicherer Drittstaat für eine Asyl suchende Somalierin gelten kann.[69]

Kennt man die Schwarze Deutsche Geschichte, versteht man, wie tief Rassismen implementiert sind. Und es fällt schwer, sich vorzustellen, dass es trotz der schwierigen Zeiten einige Personen gibt, denen es unter Aufbringung großer Kraft gelingt, ein den Umständen entsprechend ›normales‹ Leben zu führen bzw. sogar eine (universitäre) Karriere einzuschlagen.

68 BÖKEL, NEHRSTEDE; »Diesen Besuch werde ich nie vergessen«, Frankfurter Rundschau
69 Vgl. *HOMESTORY DEUTSCHLAND*; Ausstellungskatalog

Doch

> »[d]ie Geschichte von Schwarzen in Deutschland ist [...] keineswegs nur eine Geschichte von Diskriminierung und Verfolgung, und sie begann auch nicht erst im 20. Jahrhundert.
> Afrikaner und ihre in Deutschland geborenen Nachkommen lebten und arbeiteten hier auch schon in den Jahrhunderten zuvor, wie etwa Albrecht Dürers im Jahr 1508 entstandenes Porträt eines Äthiopiers, der vermutlich in einem Augsburger oder Nürnberger Handelshaus angestellt war, belegt. Manche der Frauen und Kinder, die aus Afrika nach Europa kamen, wurden berühmt.«[70]

Hier nur wenige Beispiele:

- Eine der bekanntesten Personen der Schwarzen Deutschen Geschichte ist Anton Wilhelm Amo. Geboren 1813, kam er als Kindersklave nach Deutschland und wurde schließlich Philosophieprofessor.
- Henriette Alexander wurde 1817 als Kind eines afrikanischen Kammerdieners und einer weißen Kammerdienerin in Stuttgart geboren und arbeitete als »afrikanische Attraktion« mit einer Kunstreitertruppe und schließlich als Arbeitslehrerin und Haushälterin.
- Der 1876 in Kamerun geborenen Zugführer der Berliner Untergrundbahn »Martin« Quane a Dibobe, der 1919 eine Petition für die Einforderung veränderter Rechte für Kolonialmigranten mitverfasste und eine Schwarze Vereinigung gründete.[71]
- Dido Elizabeth Belle, eine Schwarze britische Aristokratin, lebte im 18 Jahrhundert und kämpfte ihr gesamtes Leben gegen Diskriminierungen.

Seien es der Aufstand der Herero oder die Gründung des Afrikanischen Hilfsvereins 1918 in Hamburg, als Anlaufstelle für Schwarze Menschen in Deutschland – Widerstand gab es schon immer.

---

70 KOCH; *Medien mögen's weiß*; S. 86
71 Vgl. *HOMESTORY DEUTSCHLAND*; Ausstellungskatalog

Petitionen, Treffen Schwarzer Menschen und die Gründung verschiedener Vereine und Zeitschriften begannen im 19. Jahrhundert und dauern bis heute an.

Die *Initiative Schwarze Menschen in Deutschland e. V.* (ISD) wurde 1985, der *Verein Afro-Deutscher Frauen* (ADEFRA) ein Jahr später gegründet.

Das Buch *Farbe bekennen. Afro-deutsche Frauen auf den Spuren ihrer Geschichte* von May Ayim (Opitz), Dagmar Schultz und Katharina Oguntoye sowie die Texte der afroamerikanisch lesbischen Dichterin Audre Lorde gaben vielen Schwarzen Menschen eine Stimme, fanden die fehlenden Worte, die jene zwar fühlten, aber selbst nie ausgesprochen hatten.

Endlich wurde die afro-deutsche Minderheit öffentlich wahrgenommen.

Natürlich hatte es zuvor sowohl in West-Deutschland als auch in der DDR bereits Schwarze Menschen gegeben, die sich trafen, schrieben und diskutierten.

Doch erst durch die oben genannten Vereine schlossen sich diese Personen erfolgreich im Großen zusammen. Durch die ISD und ADEFRA konnte nun in der Öffentlichkeit mit einer gemeinsamen Stimme gesprochen werden.

Bis heute bestehen diese Vereine und erfreuen sich der Kreativität und Engagement ihrer ganz unterschiedlichen Schwarzen Mitglieder.

Solchen Gruppen ist es zu verdanken, dass das Gröbenufer in Berlin in May-Ayim-Ufer umbenannt wurde, um nicht länger dem Sklavenhändler sonder der Schwarzen Aktivistin und Dichterin zu gedenken.

In *Farbe Bekennen* erzählen Schwarze Frauen von ihrem Leben und ihren Erlebnissen in Deutschland. Doch wie ist die Schwarze Realität über 26 Jahre später?

Alltagsrassismus

Die Frage »Woher kommst du?«

Wir alle kennen sie, die Frage nach der »wahren Herkunft«. Und es ist wohl die Frage, die viele von uns am meisten nervt.

> »Es ist enorm schwierig, den Fragenden zu erklären, dass ich eine Deutsche bin und nirgends anders hingehen kann. Durch meine schwarze Haut befinde ich mich so oft in der Position der Erklärenden und der sich Verteidigenden, und das ist schon so, solange ich denken kann.«[72]

Die meisten weißen Personen denken, dass an der Frage »Woher kommst du?« nichts Schlimmes ist, dass sie nur das Interesse an der Person widerspiegelt und auf gar keinen Fall rassistisch oder böse gemeint ist.

Doch die Frage nach der »wahren« oder – wie sie oft genannt wird – »ursprünglichen« Herkunft ist nicht nur unhöflich und für ein erstes, oberflächliches Gespräch viel zu intim, sie beinhaltet auch noch eine Vielzahl an Rassismen.

Wirst du gefragt, woher du (ursprünglich) kommst, beinhaltet diese Frage bereits, dass du fremd sein musst und eigentlich nicht hierher gehörst.

Vielleicht folgt auch noch ein: »Wann gehst du wieder zurück?« Somit will der Fragende letztendlich nur wissen, wann du, der / die »Fremde«, wieder verschwindest.

An der Frage »Woher kommst du?« ist an sich erst einmal nichts verwerflich. Sie wird ja auch genauso Weißen gestellt und ist ein beliebter Einstieg beim Smalltalk.

Doch der große Unterschied ist: Werden Schwarzen danach gefragt, wird meist eine andere Antwort erwartet. Und solange diese nicht kommt, wird weiter gefragt.

---

72 BERGER; »Sind Sie nicht froh, daß Sie immer hier bleiben dürfen?«, erschienen in *Farbe bekennen*; S. 120

Ein Fragespiel, das kein Ende nimmt.

Antwortest du nämlich auf die Frage »Woher kommst du?« mit einem Ort, den auch ein Weißer nennen würde, wie beispielsweise »aus Berlin« oder »aus dem Café dort am Eck«, wird sofort noch einmal nachgehackt mit »Ja, aber woher kommst du wirklich?«.

Du kennst diese Situation bestimmt nur zu gut. Wenn du dann wieder dieselbe Antwort, meist den Namen eines deutschen Ortes, gibst, wird diese Antwort nicht akzeptiert und nach dem Geburtsort der Eltern gefragt. Sidney Frenz aus Hamburg hat das in einem Video *Shit some white Germans says to black Germans* nachgestellt: http://www.youtube.com/watch?v=63h0vwUT-vY

Und das ist eine klare Grenzüberschreitung, wird doch eine weiße Person auch nicht innerhalb von ein paar Sekunden nach allen Geburtsorten der Vorfahren ausgefragt.

Das Rassismusmerkmal, das hier zu erkennen ist, ist, dass der weiße Fragende meint, bestimmen zu können, was geantwortet werden muss und wann die Unterhaltung zu Ende geht. Gefordert ist eine exotische Herkunftsgeschichte! Du, als Schwarze Person, hast keine Chance, die intimen Fragen zu umgehen. Tief verankerte Bilder, z.B. dass Schwarze Menschen immer lügen und man ihnen besser nicht glaubt, spielen, wie in in diesen ›Fragestunden‹ deutlich wird, eine viel größere Rolle, als man zunächst annehmen mag.

Der weiße Fragende will dich zu der ›gewünschten Antwort‹ (nämlich Afrika oder USA) verpflichten, ist unverschämt, unhöflich und macht dadurch deutlich, dass er immer noch denkt, dass Grenzen, die ein Schwarzer zieht, nichts wert sind und nicht eingehalten werden müssen.

Am verrücktesten ist es, wenn du dein weißes Gegenüber auf die unhöfliche Art der Fragen aufmerksam machst und dieser dann trotzdem weiter auf sein Recht besteht, »nun endlich die Wahrheit zu erfahren«. Schwarze Menschen kommen sich bei derartigen Gesprächen bloßgestellt vor und fühlen sich wie bei einem Polizeiverhör.

»In dem Moment als Alicia [eine Schwarze Frau] gefragt wird, wird sie an ihren kolonialen Platz verwiesen und dort erneut situiert. Dieser Akt der Verweisung ist ein Mechanismus von Rassismus, der Schwarzen Subjekten zeigt, wo ›ihr Platz ist‹, und ihnen nicht erlaubt, ›ihren Platz einnehmen‹. Wenn Alicia sich als Afro-Deutsche positioniert, beansprucht sie ›ihren Platz‹ in dieser Gesellschaft und sprengt somit die Begrifflichkeiten von ›Rasse‹ und Nation. Alicia kehrt also eine koloniale Ordnung um, in der Deutschland als eine weiße Nation imaginiert wird. Ihre Anwesenheit zeigt, dass Deutschland u.a. auch eine Afro-deutsche Geschichte hat. Um den Verlust dieser kolonialen Ordnung zu vermeiden, insistiert die weiße Öffentlichkeit ›immer wieder‹ auf Alicias Ausländerinnenstatus, seitdem sie ein Kind ist.«[73]

»Wie schwer es für Schwarze ist, stereotypen Zuschreibungen zu entgehen, zeigt sich exemplarisch darin, wie Schwarze Deutsche in der deutschen Gesellschaft wahrgenommen werden. Zu der breiten Palette alltäglicher Rassismuserfahrungen gehören u.a. häufig an sie gerichtete Fragen wie etwa:
›Wo kommst du denn her?‹, ›Du sprichst aber gut Deutsch‹ (beide Absprechung des Deutsch-Seins), ›Wie lange bist du schon hier?‹ (Absprechung des Zuhause-Seins) und / oder die Frage: Wann gehst du wieder?, ›Wie wächst du denn deine Haare?‹ (Nur, wenn sie wirklich einen Tipp erhalten wollten, würden Weiße das in der Regel eine/n andere/n Weißen fragen). Durch Fragen wie diese sowie andere Stereotype wird ›das Andere‹ in einem hegemonialen Prozess beständig neu erfunden, wodurch die Weiße Norm geschützt bleibt.«[74]

»Die Erwartung, dass Alicia ihre persönliche Geschichte öffentlich macht und über ihre Biographie ›im Bus, auf einer Party, auf der Straße, beim Abendessen oder im Supermarkt‹ berichtet, beschreibt diese koloniale Konstellation: der Weiße, der sich als absolute Autorität aufführt, während die ›Andere‹ das Objekt ist, das man anschauen, ansprechen, fragen oder besitzen kann.«[75]

---

73 KILOMBA; «Wo kommst du her?", migration-boell.de
74 ARNDT, HORNSCHEIDT; *Afrika und die deutsche Sprache*; S. 49
75 KILOMBA; »Wo kommst du her?«; www.migration-boell.de

Die Frage »Woher kommst du?« ist nicht einfaches Interesse an einer Person, sondern neugierige Schaulust und Exotisierung von Afro-Deutschen.

Der Kurzfilm »Woher kommst du?« von Johannes Pleschberger und Markus Hasenberger zeigt wie unterschiedlich auf die Frage reagiert wird. http://www.youtube.com/watch?v=F59SQkl9iuk

Thema Haare

Ein ebenso leidiges Thema wie das der ›wahren Herkunft‹ ist das ›In-die-Haare-fassen‹. Die grausige Situation ist uns allen bekannt und doch können sich die meisten Weißen nicht vorstellen, dass uns das a) andauernd passiert und b) wie unangenehm diese Situation ist.

Personen, die wir zuvor noch nie gesehen haben, die uns auf der Straße entgegenkommen oder in der Disko neben uns stehen, greifen einfach an unseren Kopf. Die Frage »Darf ich mal anfassen?« wird meistens gestellt, während die Hand die Haare schon erreicht hat. Unser Kopf, unser Haar sind eigentlich intime Stellen des Körpers, die man normalerweise nur Vertrauten zu berühren erlaubt. Doch das scheint eine Vielzahl weißer Personen nicht besonders zu interessieren. Selbst wenn man energisch sagt, dass man es nicht möchte, dass die Haare angetatscht werden, versuchen sie, ihre Finger irgendwie an den Kopf zu bekommen. Derlei Aktionen sind extrem erniedrigend: Schwarze Personen werden exotisiert, während weiße Personen sich das Recht herausnehmen, Schwarze zu behandeln, als wären sie Teil eines Streichelzoos .

Diese alltäglichen Rassismen führen dazu, dass einige Schwarze schon unter einer Art des ›Verfolgungswahns‹ leiden. Sprich, dass sie sich in einer ihnen unbekannten Menschenmenge unwohl fühlen, weil sie Angst haben, dass ihnen gleich wieder jemand an die Haare will. Doch besser, als sich zurückzuziehen, ist es, sich zu wehren. Wenn du es nicht mehr rechtzeitig geschafft hast, die Hand abzuhalten, die deine Haare betatschen will, empfehle ich, einfach mal den Spieß umzudrehen und in die Haare der Weißen zu greifen. Ich habe das mal beim Kieferorthopäden gemacht. Er hat mir in die Haare gelangt (wie unglaublich, ein Arzt fasst mir bei der Behandlung einfach in die Haare!!!) und dann hab ich zurückgewuschelt. Erst hat er blöd geschaut und dann hat er gemerkt, dass er ja auch gerade seine Hände an meinem Kopf hat, und hat sie sofort weggezogen. Schon verrückt, dass Menschen Dinge tun, die sie selbst nicht erleben möchten.

Wenn wir schon beim Thema Haare sind, möchte ich ein anderes Thema ansprechen, das zu hitzigen Diskussionen führt:

Das Haareglätten

Was für viele Frauen einfach nur eine Frisur ist, kann in der Schwarzen Community zum Politikum werden. Habt ihr auch schon von Vorwürfen gehört, Schwarze, die sich ihre Haare glätten, möchten aussehen wie Weiße?

Das hört sich krass an, ist es doch nur eine andere Art, die Haare zu tragen. Oder?

Ich bin selbst in die ›Falle‹ getappt, denn als Beyoncé-Fan mag ich ihren Look und finde auch ihre Haare ganz wunderbar. Wie das so ist, als Jugendliche probiert man gerne neue Stile aus, und da ich nicht so viele nicht-weiße Stil-Ikonen kannte, wurde der Beyoncé-Look zu meinem Vorbild. Aus Camougflage-Baggy-Hosen und Conroad-Zöpfchen wurde aufgehelltes Haar mit blonden Strähnen. Bevor ich zum Frisör ging, ließ ich mich von einem Beyoncé-Foto inspirieren.

Bei einem meiner Frisör-Besuche ließ ich mir über vier Stunden die Haare färben und glättete sie zu Hause noch mal drei Stunden lang. Auf einem Reggae-Konzert bewunderte eine Schwarze Frau mit Afro mein Haar und sagte, dass sie auch gerne Haare hätte wie Beyoncé.

Als ich mich mit einer Schwarzen Freundin darüber unterhielt, antwortete diese: »Sie will aussehen wie Beyoncé? Die Frau hat nichts kapiert!«

Erst war ich etwas überrumpelt von ihrer Aussage, aber bald darauf verstand ich, was sie damit meinte und warum das Haareglätten skeptisch betrachtet wird.

Bilder im Internet lassen vermuten, dass Beyoncé eine Perücke trägt.

Das scheint in unseren (deutschen) Augen etwas sehr Seltsames zu sein. Aber in Amerika ist es das nicht. Wenn ich die Schwarzen amerikanischen Berühmtheiten durchgehe, fallen mir fast ausschließlich Frauen mit glattem, meist auch blondiertem Haar ein. Wenn man etwas darüber nachdenkt, welchen Schaden Haare durch chemische Behandlungen nehmen, kann man davon ausgehen, dass die meisten dieser Frauen Haarteile bzw. Perücken tragen. Es ist das Haar einer anderen Frau, das sie auf ihrem Kopf tragen und in mühseligen Prozeduren aufkleben, einflechten oder auf ihr Haar nähen lassen.

»Ja und? Kann doch jede machen wie sie will!« Natürlich ist die Wahl der Frisur Geschmacksache. Ich möchte das Thema hier aber trotzdem ansprechen, denn ich denke, dass es nicht schaden kann, wenn du dich mit den Vorwürfen auseinandersetzt und dir deine Gedanken dazu machst.

Wer geglättete Haare hat, will aussehen wie eine Weiße?!
Ob Haare glatt, Haare lockig, Haare blond, grün oder Glatze, eine Schwarze wird wohl immer aussehen wie eine Schwarze. Selbst Schwarze mit sehr heller Haut sind Schwarz, denn, wie wir gelernt haben, »Schwarz« ist ein politischer Begriff.

Was bedeutet dann dieser Vorwurf?
Erstens. Stell dir eine Frau mit langem blondem Haar vor, die mit dem Rücken zu dir steht. Du denkst, es sei eine Weiße, doch dann dreht sie sich um und ist Schwarz. Natürlich bleibt eine Schwarze mit glattem Haar Schwarz, aber sie

wird in einer weißen Umgebung weniger auffallen. Mit ihrem glatten Haar passt sie sich ihrer (weißen) Umgebung an.

Zweitens. Haare glätten ist eine Strapaze. Das weiß jede Frau (und jeder Mann), der dies schon ein Mal hinter sich gebracht hat. Mit einem sogenannten Relaxer werden die Haare chemisch behandelt und dann glatt gezogen. Nach jeder Haarwäsche müssen sie erneut mit einem Glätteisen, das dem Haar über 200 Grad zumutet, behandelt werden. Die ganzen klebrigen und öligen Mittelchen, die man sich ins Haar schmiert, um es möglichst schwer und glatt zu bekommen, hinterlassen manchmal kleine weiße Spuren im Haar. Freundinnen erzählen mir, dass sie sich mit glatten Haaren kaum trauen, ihren Kopf gegen eine Wand zu lehnen, denn es könnte ein großer Öl-Fleck zurückbleiben.

All dieser Aufwand für ein paar glatte Haare. Einschränkungen über Einschränkungen. Werden wir durch glatte Haare in unserer Freiheit eingeschränkt oder unterwerfen wir uns der weißen Gesellschaft, da wir aussehen möchten wie sie? Wie sehr unterdrückt uns das Bedürfnis, weniger afrikanisch aussehen zu wollen?

Diskussionen, ob Michelle Obama ihr Haar natürlich, also lockig tragen soll; der Aufschrei, als die Kinder das ›erste Mal‹ mit glatten Haaren in der Öffentlichkeit auftraten – alles Übertreibung? Na klar und doch nicht ganz. Denn es gibt noch...

Drittens. Haare und die koloniale Geschichte. Als wir noch in einer von Rassentrennung geprägte Welt lebten, versuchten wahrhaftig Afrikaner den Stil ihrer Kolonialherren zu imitieren. Denn wer sich weiterhin afrikanisch kleidete, war ein primitiver Hinterweltler. Jeder wollte das tragen, was die Besetzer trugen und Frauen wollten auch solche glatten Haare haben. War das Haar nicht glatt, wurde es vor allem von den weißen Kolonialfrauen als ungepflegt und schmutzig angesehen.

»Im Kontext von Sklaverei und Kolonialismus galt das Haar der versklavten Menschen den Weißen als Symbol von Unordnung und

Dreck, ›Primitivität‹ und fehlender ›Zivilisation‹, körperlicher Unvollkommenheit und Hässlichkeit [...] Dieser weiße Blick auf die Haare [schädigte] das Selbstwertgefühl von Schwarzen [...]«[76]

So trugen Schwarze Frauen oft Perücken bei ihrer Arbeit im weißen Haushalt – auch noch nach der Rassentrennung. Nicht umsonst war es in den 60er Jahren ein politisches Signal, seine Haare offen und natürlich zu tragen. Der Afro wurde zum Zeichen des Widerstands, zum Zeichen des Aufbegehrens, ein Bekenntnis zum bewussten Schwarzsein, ein Zeichen der Solidarität mit den afrikanischen Schwestern und Brüdern. Und denken wir noch mal an den ›Stift-im-Haar-Test‹[77]: wer glattes Haar hatte, war in der Apartheid »farbig«, hatte also ein bisschen mehr Rechte.

> »Subrinah Dolischka weiß, dass die Obsession mit glatten Haaren mehr ist, als nur das Hinterherhecheln eines Schönheitsideals. ›Es ist Gehirnwäsche. Uns wurde seit Jahrzehnten eingeredet, dass unsere Haare nicht schön sind‹, sagt Dolischka, ›Wir haben nie gelernt auf unsere Haare stolz zu sein.‹«[78]

»Ich glätte meine Haare nur, weil mein Haar so widerspenstig ist.«

Eigentlich traurig, wir haben den Umgang mit unseren eigenen Haaren verlernt bzw. nie erlernt. Denn es gibt kein widerspenstiges Haar, es gibt nur falsche Pflege. Mit den richtigen Produkten, die nicht aus einem Chemie-Cocktail bestehen müssen, sondern rein natürliche Bestandteile haben, kann jede Art von Locken, und seien sie noch so klein und ›widerspenstig‹, zum Strahlen gebracht werden. In Haarworkshops lernt man, sein Haar zu verstehen und es richtig zu pflegen. Eine Überpflegung – zum Beispiel mit zu viel Fett – schadet dem Haar. Ablehnung des eigenen Haares

---

76 ARNDT; *Die 101 wichtigsten Fragen – Rassismus*; E-Book: 96. Ist es rassistisch, Schwarzen in die Haare zu fassen?
77 Vgl. www.kapstadt.com
78 KHORSAND; »Einmal Afro, bitte!«; Wiener Zeitung; http://www.wienerzeitung.at/themen_channel/wz_integration/gesellschaft/?em_cnt=543779

heißt also nicht unbedingt Ablehnung des afrikanischen Teils, sondern sie spiegelt vielmehr die Unwissenheit über das eigene Haar wider.

»Also ist Haareglätten etwas Schlechtes?«

Ich kann mich noch gut an mein erstes chemisches Haareglätten erinnern. Ich war vielleicht zehn und es war mein größter Wunsch, glattes Haar zu haben. Warum? Weil ich mich wegen meiner Haare ausgeschlossen fühlte, obwohl ich wunderschön gepflegte lange Locken hatte. All meine Freundinnen hatten glattes langes Haar und trugen Pferdeschwänze. Nur ich nicht.

Auch Stephanie Anko erging es so:

> »›Ich wollte einfach glatte Haare haben, wie die anderen Kinder in der Klasse auch‹, erzählt Anko. Sie wollte weniger auffallen als einziges schwarzes Mädchen in einer Klasse voller blonder Maries und Annas mit ihren glatten Haaren, die auf sie zugekommen sind und ihr durch das krause Haar fahren wollten.«[79]

Ich lag meiner Mutter also solange in den Ohren, bis sie mir das Relaxen erlaubte. Die Paste brannte wie Feuer auf meinem Kopf. Mit doppelten Gummihandschuhen wurde sie auf meinen Haaren verteilt, mir liefen die Tränen die Wangen hinunter. Alle paar Monate musste ich den Ansatz nachglätten lassen. Sobald die Haare lockig nachwuchsen, standen sie etwas vom Kopf ab und ich wurde in der Schule mit dem Begriff »Brush-Hair« gehänselt. Durch das ständige Relaxen und Glattföhnen gingen meine Haare schließlich immer mehr kaputt. Seitdem habe ich meine Haare nie wieder chemisch geglättet. Aber oft hatte ich den Wunsch und suchte im Internet nach neuen Methoden. Doch ich entschied mich immer dagegen, trage ich doch inzwischen meine Locken viel zu gerne, um sie permanent entfernen zu wollen. Da ich mich gut mit meinem Haar auskenne, kann

---

79 KHORSAND Solmaz; »Einmal Afro, bitte!«; Wiener Zeitung; http://www.wienerzeitung.at/themen_channel/wz_integration/ gesellschaft/?em_cnt=543779

ich es auch glatt föhnen – ohne Chemie, nur mit ein bisschen Kokosnussfett. Jedes Mal, wenn ich glatte Haare habe, bin ich überrascht, mit wie viel Mehraufwand sie verbunden sind. Ich muss sie mindestens zwei Mal am Tag bürsten und jeden Tag mit dem Glätteisen nachglätten.

Ich bin froh, wenn ich dann wieder meine Locken trage. Die sind unkompliziert, wenn man weiß wie. Viele (weiße) Mütter pflegen die Haare ihrer Kinder falsch und reden dem Kind ein, es hätte hässliches Haar. Sie bürsten das Haar täglich, was man bei Locken vermeiden sollte. Viele Tipps, wie man Afro-Haar richtig pflegt, gibt es im Internet. Nur so viel schon mal vorab: nur nass, unter fließendem Wasser mit Spülung kämmen, niemals trocken.

»Und wie ist das jetzt mit den glatten Haaren und dem Schwarzen Selbstbewusstsein?«

Auch wenn das Haareglätten eine gewisse Last darstellt und es durchaus politische Gründe gibt, es nicht zu tun, sollte es akzeptiert werden, wenn Schwarze Frauen sich dafür entscheiden. Schließlich haben weiße Frauen auch das Recht, ihre Haare zu formen, wie sie es möchten.

Ich stelle mit Erschrecken fest, dass ich mit glatten Haaren anders von der Außenwelt wahrgenommen werde. Ich denke nicht, dass dies nur etwas mit der eigenen Erwartung zu tun hat. Es ist auffällig, dass man wohl weniger »wild und gefährlich« wirkt. Denn mit glatten Haaren werde ich häufiger angesprochen und wird mir eher die Tür aufgehalten. Aber es gibt auch eine Kehrseite: mit glatten Haaren werde ich häufig nicht ernst genommen oder gar als Dummchen und »Schokopuppe« abgestempelt.

Schwarz sein für AnfängerInnen

Würdest du Pamela Anderson, Nena, Angela Merkel und deine Grundschullehrerin je in einen Topf werfen?

Wohl eher nicht.

Würdest du jetzt auch noch allen unterstellen, sie könnten sich mit derselben Kompetenz zum Thema Emanzipation und die Gleichberechtigung der Frau im Jahr 2014 äußern.

Wohl eher auch nicht.

Was bei weißen Personen ganz normal ist, nämlich, dass man sie nicht alle aufgrund ihrer Hautfarbe in eine Schublade steckt, ist bei Schwarzen leider noch lange nicht der Fall.

Wir dürfen nie vergessen, dass Schwarze Menschen eine heterogene Gruppe bilden. Es gibt alles und jeden unter ihnen: Ärzte, Banker, Anwälte, Obdachlose, Rockstars, Mütter, Familienväter, Adoptivkinder, Gesellige, Stille, Laute, Partytiere, Streber, Sportliche, Faule, Filmliebhaber, Kreative, Langweilige, welche mit schlechtem und welchem mit guten Humor, gute Küsser und schlechte Flirter und noch viele mehr.

Schwarze Menschen sind facettenreich und ganz unterschiedlich.

Und dennoch passiert es oft, dass Schwarze Menschen in eine Schublade gesteckt werden.

Meistens passiert das unbewusst. Nehmen wir ein Beispiel: ›ein Schwarzer Tänzer‹.

In den Medien könnte es dann heißen »wild, animalisch und hemmungslos«, im Freundeskreis hört man »das liegt ihm im Blut«.

Und wie fühlst du dich dabei?

Wahrscheinlich weißt du das nicht genau.

Weil du dich ja freuen könntest, wenn jemand so etwas zu dir sagt. Es ist ja als Kompliment gemeint. Und es ist ja nett gemeint.

Aber trotzdem kannst du dich nicht so wirklich darüber freuen? Denn es hat einen faden Beigeschmack.

Das sagst du niemandem, sondern lächelst es weg.

Denn sonst musst du dir wieder die Sprüche anhören: »Sei doch nicht so empfindlich« oder »Oh Mann, du schon wieder!«

Wenn man sagt, dass alle Schwarzen gut tanzen können, sagt man, dass alle Schwarzen gleich sind. Schwarz ist nicht mehr nur eine Hautfarbe, sondern steht für eine Charaktereigenschaft oder gar eine biologistisch definierte »Rasse«.

Behauptet man, den Schwarzen läge das Tanzen im Blut, reduziert man sie auf animalische Instinkte und löscht die dahinter stehende Arbeit.

Wenn ein Weißer hingegen gut tanzen kann, sagt man »er hat fleißig geübt« oder »er hat Talent«.

Unterscheidungen anhand von angeblich biologischen Merkmalen wurden auch in der Rassentheorie im Nationalsozialismus gelehrt.

Viele dieser Rassismen sind schon über 300 Jahre alt ...

Und haben sich so in unseren Sprachgebrauch und in unser Denken eingepflanzt, dass es noch ein langer Weg ist, sie loszuwerden.

Oft identifizieren sich Schwarze Menschen selbst mit solchen ›positiv‹ rassistischen Sprüchen.

Das kann daran liegen, dass sie verunsichert sind und die Bestätigung von außen brauchen, von weißen Personen.

Dass Weiße uns in eine Schublade stecken und unsere Hautfarbe zu einer Charaktereigenschaft machen, wird wohl noch lange so weitergehen. Was wir aber selbst beeinflussen können, ist, dass wir uns selbst nicht mehr in diese Schubladen stecken lassen und uns auch nicht selbst dahin stecken. Denn wir sind uns ja oft gar nicht bewusst, wie tief diese Rassismen auch unser Denken beeinflussen. Es dauert oft Jahre, sich diese Gedanken wieder abzutrainieren, obwohl sie einen selbst negativ darstellen. Verrückt nicht?!

So kenne ich Schwarze Frauen, die sagen, sie möchten keinen Schwarzen Freund, mit der Begründung: »Schwarze Männer sind alle faul«.

Aber nicht nur unser eigenes Denken müssen wir immer wieder auf Vorurteile überprüfen, sondern wir dürfen nie vergessen, dass Schwarze eine heterogene Gruppe sind, wenn wir mit anderen Schwarzen Menschen darüber reden, was es heißt, Schwarz zu sein.

Minenfelder des Alltags: ›Witze‹

Dass Schwarze Wahrnehmungen und Reaktionen sehr unterschiedlich sind, zeigt das Beispiel rassistischer Witze. Bestimmt kennst du die Situation:

Du bist mit deinen FreundInnen unterwegs, vielleicht sind alle weiß, darüber machst du dir eigentlich keine großen Gedanken. Ihr albert etwas herum, schaukelt euch gegenseitig hoch und ärgert euch mit ein paar lustigen Sprüchen und dann plötzlich fällt das N-Wort. »Es ist ja nur Spaß!«, wird dir gesagt. Für dich aber nicht. Dir ist nicht mehr zum Lachen zumute.

Es gibt eine Vielzahl von Sprüchen und ›Witzen‹, die man anscheinend ertragen muss, wenn man Schwarz ist. Das sind N-Wort-Witze oder »Man sieht dich im Dunkeln nicht«-Sprüche. Irgendwie ist es jedes Mal das gleiche. Ein Bekannter von mir sagt, dass diese ›Witze‹ wie eine Bombe sind, die jeden Moment hochgehen kann. In Situationen, in denen seine weißen Freunde entspannt und locker sind, wie zum Beispiel auf einer Party, auf der Leute sind, die er nicht kennt, ist er richtig angespannt. Er ahnt und befürchtet, dass es jetzt gleich wieder kommt: der N-Wort-Spruch, die Frage nach der »ursprünglichen Herkunft« oder eine »War ja nicht böse gemeint, sondern nur Spaß, sei doch nicht so empfindlich«-Debatte. All diese kleinen Bomben, die jeden Moment explodieren können, immer und überall, nirgends ist er ganz sicher. Alltagsrassismus ist sein ganz persönlicher, täglicher Terrorismus.

Wie reagierst du, wenn deine weißen FreundInnen, Klassenkameradlnnen oder ArbeitskollegInnen unangenehme Sprüche über deine Hautfarbe machen – auch wenn sie behaupten, dich ja gar nicht damit zu meinen? Was kann man denn machen? Diskutieren? Stillschweigen? Freundeskreis wechseln? Oder lautes Mitlachen? Vielleicht wirst du bei blöden Sprüchen richtig aggressiv oder du versuchst einfach wegzuhören und dich nicht zu sehr darüber aufzuregen? Es gibt ganz unterschiedliche Verhaltensmuster, die von deinen bisherigen Erfahrungen abhängen – oder gerade deine Stimmung widerspiegeln.

1. Diskutieren

Warum diskutieren?

Du hast mit Menschen zu tun, die rassistische Witze immer noch lustig finden. Vielleicht nennst du sie sogar deine Freunde. Irgendetwas liegt dir an diesen Personen. Vielleicht denkst du auch, dass sie es nicht mit Absicht getan haben, es nicht böse meinen, es nicht besser wissen. Oder du musst (z.B. aus beruflichen Gründen) mit ihnen verkehren.

Und so hast du dieses Verlangen, sie politisch zu sensibilisieren, sie sozusagen zu ›missionieren‹, um ihr und dein Leben zu verbessern.

Oder du diskutierst, weil du nicht glauben kannst, dass es immer noch solche Personen gibt und möchtest ihnen mal kräftig die Meinung sagen. Deine gute Erziehung verbietet dir, handgreiflich oder verbal beleidigend zu werden.

In deinem Wunschdenken stellst du sie durch deine intellektuelle Ausdrucksweise und deine Hard Facts, an denen es nichts zu rütteln gibt, dermaßen bloß, dass sie am liebsten im Erdboden versinken würden und ihnen (zumindest in Gegenwart eines POCs) nie wieder dieser oder ein ähnlicher Spruch über die Lippen kommt.

Was bewirkt das?

Vielleicht werden sie in Zukunft POCs einfach aus dem Weg gehen. Wer möchte schon ein weiteres Mal wie ein Idiot dastehen?

Sehr wahrscheinlich werden sie das ganze »unerhört« finden. Auch wenn sie im Unrecht waren und du im Recht. Denn Widersprechen war schon immer unerhört und wird es wohl auch noch lange bleiben ...

Was diskutierst du?

Meistens läuft es immer auf die gleiche Argumentationskette heraus:

Kurz gefasst: Wort >> Bedeutung >> Reduzierung auf die Hautfarbe >> Bewusste Grenzüberschreitung >> Ignoranz.

Was musst du können?
- Cool bleiben.
- Deine Argumente auswendig kennen.
- Keine Hoffnung auf einen Erkenntnisschub deines Gegenübers haben.
- Nicht zulassen, dass die rassistische Situation mit etwas anderem vermischt wird. Wenn du z.B. im Job diskriminiert wirst, wird es ganz schnell heißen, dass du ja eh schlecht arbeitest. Sei darauf vorbereitet.

Woher bekommst du die Facts und die knallharten Sprüche?

Auf der Webseite von Noah Sows Mediawatch Organisation *der braune mob e.V.* gibt es unter »Sprachliches« viele tolle PDFs mit allen Infos, die du brauchst.

In Noah Sows Buch *Deutschland Schwarz Weiß*, in dem Hörspiel zum Buch und der Comedy Show *Edutainment Attacke*, die sie mit ihrem Kollegen Mutlu Ergün entwickelt hat, gibt es schlagfertige Antworten für jeden Anlass.

Im Buch *How to be Black* von Baratunde Thurston findest du außerdem viele lustige Sprüche.

2. Freundeskreis wechseln?

Du hast dich inzwischen ziemlich genau mit deiner Hautfarbe auseinandergesetzt. Dein (Schwarzes) Selbstwertgefühl ist so groß, dass du es dir Wert bist, nur mit Menschen zu verkehren, die dir gut tun und dich ernst nehmen, wenn du sie auf politisch unkorrekte Formulierungen ansprichst, die dich verletzen. Vielleicht ist das aber auch nicht die erste dieser Situationen mit deinen FreundInnen. Nach dem das ›nette Erklären‹, das ›sachliche Erklären‹ und das ›wütende Erklären‹ keine Wirkung gezeigt haben, hast du einfach keine Lust mehr auf solche ›FreundInnen‹ und suchst dir neue, die gerne über ihren Tellerrand blicken, interessiert daran sind, wie du die Dinge wahrnimmst und / oder genau die gleichen Erfahrungen wie du machen.

3. Schweigen und lieber nichts sagen?

Der Spruch kommt, in deinem Kopf ist erst einmal Stille. Alles auf *mute*, Pause-Taste. Du überlegst. Was sollst du tun? a) Wieder diskutieren? Du spielst es im Kopf durch und bezweifelst den Erfolg. Außerdem willst du dir den Abend nicht noch restlos verderben oder du hast keine Lust und Kraft, um jetzt etwas zu sagen. Vielleicht würdest du aber auch gerne etwas sagen, weißt aber irgendwie nicht so richtig was, da dir die Argumente fehlen oder der Mut oder beides.

Du denkst an Möglichkeit b) Freundschaft beenden und wirst in den nächsten Minuten stillschweigend gehen.

Dir fehlen die Worte.

Es kann passieren, dass dein Schweigen als Einverständnis verstanden wird.

4. Laut mitlachen?

Dir fehlen Mut, Argumente und jegliches Rückgrat?

Du bist ein bisschen doof und findest die Witze »wiii-irklich lustig«?

Du bist dir nicht sicher, ob du alles richtig verstanden hast, weil deine Freunde zu weit weg sitzen, es laut ist, du schlecht hörst oder sie in einer Sprache sprechen, die du nicht so gut beherrschst?

Ich glaube ja, dass du nicht anecken willst, weil du nicht auffallen willst (was du aber eh schon tust), und dass du Angst hast, deinen ›ach so tollen‹ Freundeskreis zu verlieren, wenn du deine ehrliche Meinung sagst.

Du versuchst zu zeigen, wie cool und locker du doch drauf bist und dass Weiße in deiner Gegenwart keine Angst haben müssen etwas ›Falsches‹ zu sagen, denn du bist wie eine Weiße.

Du hast noch nicht kapiert, dass du keine Weiße bist. Indem du mitlachst, tust du so, als ob du dazugehörst und streifst für diesen Moment deine Hautfarbe ab. Das Problem ist nur: das kannst du nicht. Ich bin mir sicher, dass es dich tief im Inneren verletzt. Außerdem kannst du davon ausgehen, dass Personen, die solche ›Witze‹ machen, es dich immer wieder gerne spüren lassen werden, dass du ›anders‹ bist. Vielleicht sollte dich dieser ›Witz‹ auch nur ein weiteres Mal daran erinnern, dass du eben nicht hundertprozentig dazugehörst.

Rassistische Witze von Schwarzen

Ein anderes Phänomen, dass mir immer wieder auffällt und besonders aufstößt, sind Schwarze, die in ihrem weißen Freundeskreis rassistische Witze machen.

Ähnlich wie beim Mitlachen versuchst du, besonders locker und cool dazustehen.

Du hast aber noch nicht verstanden, dass cool sein auch bedeutet, zu sich selbst zu stehen.

Wenn du mit N-Wörtern nur so um dich wirfst, wundern sich nicht nur Schwarze, sondern auch viele Weiße denken sich ihren Teil, und glaub mir, die, die ein bisschen was auf dem Kasten haben, finden das auch gar nicht cool, sondern peinlich.

Das zeigt, dass du noch keinen Weg gefunden hast, mit dir und deiner Hautfarbe ins Gleichgewicht zu kommen. Vielleicht bist du unglücklich und wahrscheinlich sehr einsam, wenn du glaubst, dieses Koketieren mit der Hautfarbe nötig zu haben.

Im Übrigen finde ich auch die Schwarzen Comedians, die immer wieder im Deutschen Fernsehen rassistische Klischees durch ihre Witze bestätigen, unglaublich peinlich und ärgerlich.

Das gleiche gilt nicht nur für Witze, sondern auch für Sprüche, mit denen du dich selbst exotisierst, wie z.B.: »Ich schmecke nach Schokolade«, oder: »Willst du mal eine richtig wilde Frau?« Damit bedient man geschmacklose Klischees.

Manche Schwarze, die N- oder andere Witze machen, wie z.B. der Komiker Marius Jung, erklären, dass sie durch Ironie auf Rassismus aufmerksam machen wollen.

Für mich passen Rassismus und Ironie aber nicht zusammen. Denn Ironie setzt voraus, dass die Wahrheit gekannt wird. Das ist leider bei Rassimus nicht der Fall. Somit wird aus der ironischen Bemerkung für die meisten eine Bestätigung, sich weiterhin so verhalten zu dürfen.

Wenn, dann könnten ironische rassistische Witze nur in einer Umgebung akzeptiert werden, die sich intensiv genug mit Rassismus auseindergesetzt hat, um die Ironie in den Witzen als solche zu enttarnen. (Was wohl meistens nicht der Fall ist.)

Doch auch dann: Warum soll ich über negative Dinge lachen, die ich alltäglich erleben muss? Da wäre es doch sinnvoller, durch Empowerment und positiven Humor einen Lacher zu generieren.

Was bewirkt das?

Ja, ich habe gesagt, dass Schwarze eine heterogene Gruppe sind. Aber von der Außenwelt werden sie als Einheit gesehen. Das heißt wiederum, dass von deinem Verhalten auf die ganze Gruppe geschlossen wird. Und das wiederum heißt, dass sich durch dich auch andere Schwarze N-Witze anhören müssen, weil deine weißen FreundInnen der Meinung sind, dass das total okay ist und alle Schwarzen das ja lustig finden müssen.

Jahre der politischen Arbeit werden somit durch deinen Witz zunichte gemacht.

Auch wenn du es dir selbst nicht wert bist, sollten es dir deine Schwarzen Mitmenschen wert sein. Denn ob es dir gefällt oder nicht, letztendlich werden sie sich mit dir solidarisieren und letztendlich wirst du immer mit ihnen in einem Boot sitzen, wenn es darauf ankommt.

Durch die Witze, die du machst, fühlen sich deine weißen Bekannten noch ermutigt, immer rassistischere Witze zu machen, dabei fühlst du dich unwohl, versuchst also wieder durch Sprüche dein Unwohlsein zu verbergen. Ein Teufelskreislauf.

Also Finger weg von N-Sprüchen oder ähnlichem.

Es ist ein Zeichen deiner Unsicherheit.

Was ist mit ›Ausländerwitzen‹?

Auch Witze gegenüber anderen Gruppen / Minderheiten sind unangebracht. Warum stellst du dich über sie? Wenn man politische Korrektheit einfordert, dann muss man auch solche verbreiten.

Und kleine Späße, die innerhalb der Community gemacht werden?

Da heißt es aufpassen, dass man die gleichen Sprüche nicht auch dann loslässt, wenn doch mal ein Nicht-Community-Mitglied dabei ist. Denke doch nur mal an das N-Wort im Hip-Hop, das von weißen Leuten lauthals mitgesungen wird. Außerdem versetzten einem böse Witze und böse Sprüche, egal von wem sie kommen, auf Dauer kleine Stiche. Warum sich nicht lieber positiv bestärken und Kraft tanken, wenn man schon einmal in einer Gruppe ist, in der man eben keine Angst vor rassistischen Ohrfeigen haben müsste.

Wie du auf rassistische ›Witze‹ oder Bemerkungen reagierst, hat etwas mit dem Entwicklungsstadium deines Schwarzen Bewusstseins zu tun, aber auch damit, welche Laune du gerade hast und in welcher Beziehung du zu dem Sprücheklopfer stehst. Ich denke, dass man niemanden für die Art verurteilen sollte, wie er mit rassistischen Erfahrungen umgeht. Jede hat einen anderen Umgang für sich gefunden. Aber man sollte immer seinen eigenen Umgang beobachten und hinterfragen.

Warum manche Schwarze so und andere ganz anders in ein und der selben Situation reagieren hat viele subjektive Gründe.

Es liegt an den Erfahrungen und Einstellungen der Menschen.

Das nächste Kapitel kann dir helfen, einen Überblick zu bekommen, welche verschiedenen Schritte es während der Entwicklung und Entdeckung des eigenen Schwarzen Selbstbildes gibt.

Schwarz sein – Schritt für Schritt: Das Phasen-Modell

Schwarz sein ist nicht gleich Schwarz sein, oder doch?

Es überschneiden sich zwar viele Erfahrungen, die Schwarze Menschen (in Deutschland) machen, doch nimmt sie jeder unterschiedlich wahr. Manche Menschen regen sich schon über ›Kleinigkeiten‹ auf, die andere gar nicht bemerken würden. Da gibt es die, die es nicht stört, wenn sie Witze über Solarium-Bräune hören. Und es gibt die, die hinter vermeintlich jedem Problem eine rassistische Ursache sehen.

Sind die einen doof und die anderen übertreiben es? Machen es die einen richtig und die anderen falsch? Es gibt wohl keine Pauschallösung im Umgang mit Rassismen, die uns begegnen und mit denen wir zu kämpfen haben. Letztlich entscheidet jede/r für sich selbst. Doch es ist interessant zu wissen, warum es diese ganz unterschiedlichen Anschauungen gibt, manchmal sogar von ein und derselben Person.

Um das zu Verstehen, hilft es, sich diese Entwicklungsprozesse als Phasen-Modell vorzustellen. Ich habe es in einem >Black Awareness<-Kurs des Vereins *Phoenix* kennengelernt.[80] Eine Person kann verschiedene Phasen durchlaufen, ein bisschen wie Entwicklungsstadien. Wobei keine Phase wirklich >besser< oder >schlechter< ist. Die Person befindet sich nur gerade in einem ganz bestimmten Prozess. Wissen, Einstellungen, Gefühle können sich in diesem Prozess ändern. Je nachdem, in welchem Umfeld man lebt, wie FreundInnen und Familie einen unterstützen, fallen die Phasen geringer oder intensiver aus. Wie und welche Phasen durchlaufen werden, ist von Person zu Person ganz unterschiedlich.

Tabelle zum Bewusstwerdungsprozess einer rassifizierten Schwarzen Identität: Kognitive Ebonisierung (Cognitive Ebonisation), basierend auf der Zusammenfassung des Vereins *Phoenix e. V.*[81] mit eigenen Ergänzungen:

---

80 Basierend auf unterschiedlichen Modellen, fasste *Phoenix e. V.* die Ergebnisse in dem Workshop unter »Kognitive Ebonisierung – Bewußtwerdungsprozeß einer rassifizierten Schwarzen Identität« zusammen. Quellen hierfür sind: HOPSON-POWELL, HOPSON; *Black Identity Development*, a.a.O., S. 192; *Models of Psychological Nigriscence Emama-Maximé*, a.a.O., S. 32 1971; LORENZ, W. a.a.O. S. 170; CROSS, William Jr; *Black Identity Development*
81 Ebd.

Phase 1: Weißorientiert (Pre-Encounter Stage)	Du orientierst dich an Weißen. Findest Weiße und alles, was von ihnen kommt, besser. Sie sind einfach klüger und fortschrittlicher. Weiß sein verbindest du mit positiven Eigenschaften wie z.B. Wohlstand. Du übernimmst weiße Werte und Maßstäbe. Dein Selbstwertgefühl ist abhängig von der Bestätigung und Akzeptanz von Weißen. Da du selbst eine andere Hautfarbe hat, bist du verwirrt, wütend oder hast gespaltene Gefühle dir selbst gegenüber. Dein eigenes Schwarz s wird abgelehnt, ignoriert oder überspielt. Gegenüber anderen Schwarzen verhältst du dich abwertend und misstraust ihnen. Du willst nicht wirklich viel mit ihnen zu tun haben. Vielleicht hast du sogar Kontakt zu anderen Schwarzen, aber eure Hautfarbe wird nie thematisiert. Im Gegenteil, du siehst dich nicht mit ihnen in einer Gruppe. Sobald das Thema Rassismus aufkommt, winkst du ab und willst davon nichts hören. Du bist der Meinung: »Rassismus gibt es (in Deutschland) nicht!« Und du bist davon überzeugt, dass es keine Probleme aufgrund der Hautfarbe gibt, sondern es alleine darauf ankommt, wie sehr man sich anstrengt.
Phase 2: Konfrontation (Encounter Stage)	Langsam nimmst du immer mehr rassistische Situationen wahr. Vielleicht bist du schockiert von einer rechtsextremistischen Tat, von der du in der Zeitung gelesen hast. Dein Blick ist etwas geschärfter. Es fällt dir immer schwerer, deine Augen vor Rassismus zu verschließen. Du beginnst, deine bisherige Weltsicht zu hinterfragen. Durch Wut und Empörung über Rassismus entwickelst du einen kritischen Blick auf weiß und einen positiveren Blick auf Schwarz. Bewusst beginnst du mit der Suche nach einer Schwarzen Identität. Begleitet wird deine Suche von Unsicherheit. Denn Schuldgefühle und eine emotionale Abhängigkeit von Weißen sind noch vorhanden. Außerdem ist es für dich immer noch wichtig, Bestätigung von Weißen zu erhalten.

Phase 3: Desintegration (Immersion – Emersion Stage)	Du beginnst, dich mit anderen Schwarzen über deine und ihre Erfahrungen zu unterhalten und bist überrascht, wie sehr sie sich ähneln. Du möchtest mehr darüber erfahren und begreifen.
	Du bist daran interessiert, dich mit anderen Schwarzen auszutauschen und etwas über die Schwarze Geschichte und Errungenschaften zu lernen. Du findest es toll, dich mit Symbolen der eigenen Schwarzen Identität zu umgeben, dich damit zu schmücken. Ein Afro-Kamm, eine afrikanische Kette, ein Stück Stoff aus Senegal als Schal getragen. Hast du dich zuvor nur an weißen Sichtweisen orientiert, hast du jetzt einen komplett Schwarz orientierten Blick. Alles, was Schwarz ist, wird idealisiert, ist gut und romantisch, alles, was weiß ist, ist bösartig – du misstraust ihm und verteufelst es (fast) schon.
	In dieser Zeit versuchst du, dich vollkommen von der alten, weißen Identität zu entfernen und eine neue Schwarze Identität zu bilden. Hierfür saugst du alles auf, was mit Schwarzsein zu tun hat. Wenn dich in dieser, sehr sensiblen Zeit dein Umfeld nicht positiv unterstützt, kann es zu viel Widerstand, Verhärtung und Verbitterung gegenüber Weißen kommen. Eine positive Begleitung durch z.B. eine Schwarze Gemeinschaft hilft bei der Neufindung. Die Wut und komplette Ablehnung von Weißen lässt langsam nach. Du ziehst deine Bestätigung nicht mehr von weißer Anerkennung, bist nicht mehr abhängig von Weißen. Wie stark diese Phase ausgeprägt ist, hängt sehr stark vom Umfeld ab. Welches Schwarzes Netzwerk hast du? Nehmen dich deine weißen FreundInnen und Familienmitglieder ernst? Abhängig davon ist auch die nächste Stufe, Phase 4.

Phase 4: Integration (Internalization Stage)	Du orientierst dich neu. Es kann sein, dass du wieder in Phase 1 zurückkehrst, da du enttäuscht bist, desillusioniert, Wünsche nicht in Erfüllung gegangen sind oder dir der ›Kampf‹ gegen Rassismus und all das zu aufwändig erscheint. Es kann auch sein, dass du in Phase 3 steckenbleibst. Du verspürst Wut, vielleicht sogar Hass auf Weiße. Dieser Hass kann so groß werden, dass du gar nichts mehr mit Weißen zu tun haben willst. Sie können dich eh nicht verstehen. Mit deinen alten weißen FreundInnen hast du keinen Kontakt mehr und auch deine weißen Familienmitglieder kannst du nicht mehr ertragen, mit ihren rassistischen Aussagen und null Verständnis für deine Themen. Eine andere Richtung könnte sein, dass du alles ungerecht findest und dich über rassistische Umstände beschwerst, letztendlich aber selbst nichts unternimmst. Oder aber du fängst an, dich in Schwarzen Gemeinschaften zu engagieren und wirst aktiv gegen Rassismus tätig. Du hast es geschafft, dein altes gespaltenes Selbstbild durch eine neue Schwarze Identität zu ersetzen und bist auf dem Weg zu einer positiven Schwarzen Identität.

Phase 5: Selbstbestimmung und Handeln (Internalization Commitment Stage)	Du hast insgesamt ein selbstsicheres Auftreten, vor allem was das Thema Schwarz sein betrifft. Du nimmst besonders sensibel wahr, wenn Menschen unterdrückt werden, und fühlst dich diesen Menschen / Gruppe verbunden. Du beginnst, in rassistischen Konfliktsituationen konsequent zu handeln. Deine politische Haltung setzt du in Strategien um. Schwarz sein ist jetzt ganz automatisch dein Ausgangspunkt bei allen Themen. Dein Verhalten orientiert sich daran. Deine Ideen richten sich danach. Du bist aktiv in Schwarzen Gruppen engagiert und in Schwarze Gemeinschaften eingebunden. Du hast zwar Verständnis für andere Schwarze, die sich gerade in anderen Phase befinden, nimmst aber nicht alles stillschweigend hin.

Es ist auch möglich, dass du zwischen den Stufen ›hin- und herspringst‹ oder gar nicht alle Stufen durchläufst. Aber das Model kann dir helfen, dich selbst und deine Mitmenschen besser zu verstehen. Sieht der eine seine Hautfarbe vielleicht gar nicht, möchte die andere am liebsten den Kontakt zu ihrem weißen Familienteil abbrechen. Beide Ansichten sind für die jeweilige Person richtig – in diesem Moment, zu dieser Zeit. Das gleiche Modell gibt es übrigens auch für Weiße, die ihr weißes Selbstbild[82] kritisch hinterfragen möchten. Urteile nicht zu schnell über deine Schwarze Schwester oder deinen Bruder, vielleicht ist sie / er einfach gerade an einem anderen Punkt als du.

---

82 Mehr zur Weißseinsforschung gibt es unter: http://www.grada-kilomba.com; http://de.wikipedia.org/wiki/Weißsein; http://www.metanationale.org und im Buch EGGERS; KILOMBA; PIESCHE; ARNDT; *Mythen, Masken und Subjekte: Kritische Weißseinsforschung in Deutschland*

Schwarze Identitäten

Ich habe Schwarze Jugendliche und junge Erwachsene gefragt, wie sie sich selbst wahrnehmen und was sie am meisten nervt.

Marie ist 14 Jahre alt und kommt aus Frankfurt am Main. Sie kann es nicht verstehen, warum man überhaupt rassistische Erfahrungen machen muss, wenn man Schwarz ist. Sie fragt sich, warum Weiße und Schwarze überhaupt miteinander verglichen werden. Marie nervt es, dass ihr fremde Leute in die Haare packen und sie fragen, ob sie ihre Haare waschen kann.

Auch **Sêhnou** (18) kennt das ›Haar-Problem‹, er trägt Dreadlocks:

> »Besonders wegen meiner Frisur werde ich auf der Straße oft angesprochen, ob ich Gras zu rauchen hätte oder ähnliches.«

Sêhnou lebt in Baden-Wüttenberg. Seine Grundschulzeit verbrachte er auf dem Land, dort waren er und seine Familie die einzigen Schwarzen. Aber er kann sich an keine Feindseeligkeiten erinnern. Er hatte in dem Dorf viele Freunde.
»Im Freundeskreis und der Schule ist das eigentlich nie ein Gesprächsthema.« Und trotzdem denkt er, dass für jeden Schwarzen irgendwann mal der Punkt kommt, an dem er anfängt, sich mit seiner Hautfarbe auseinanderzusetzen.
Sêhnou macht sich darüber Gedanken, wie er von der weißen Gesellschaft wahrgenommen wird und wie er auf diese Gesellschaft wirkt.

> »In letzter Zeit fällt es mir echt schwer, die ganzen Blicke über mich ergehen zu lassen.«

Mit seiner Mutter redet er aber selten über das Schwarzsein. »Eigentlich behalte ich solche Erfahrungen immer für mich.«

Obwohl seine Mutter Schwarz ist, möchte er sie nicht mit seinen Sorgen belasten. Da ist Sêhnou nicht der Einzige. Immer wieder höre ich von jungen Menschen, dass sie ihren Eltern nichts von ihren Rassismus-Problemen erzählen. Manche Eltern ignorieren die Empfindungen ihrer Kinder oder versuchen, ihnen ihre rassistische Erfahrungen auszureden. Doch weder die Hautfarbe noch die damit verbundenen Erfahrungen lassen sich wegdiskutieren. Sprüche wie »Du bist doch gar nicht Schwarz, somit kann es nicht rassistisch gemeint sein« bringen rein gar nichts.

So zu tun, als ob das Kind weiß wäre, obwohl es das nicht ist, kann in der Entwicklung zu Irritationen führen. Das Kind vertraut nicht mehr auf die eigene Wahrnehmung und kann den Kontakt zu sich selbst verlieren.

Andere Kinder erzählen ihren Eltern nichts von negativen Erfahrungen, weil sie Angst haben, ihre Eltern zu verletzen. Wenn die Mutter zu weinen anfängt, fühlt sich wohl jedes Kind hilflos. Und es gibt auch Eltern, die überreagieren. Damit wird die Situation für das Kind wohl noch unangenehmer, denn keiner will gerne als ›Mamasöhnchen‹ oder ›Petze‹ dastehen.

> »Ich bin mir ziemlich sicher, dass es schwieriger ist, mit Eltern aufzuwachsen, die nicht dasselbe Schicksal wie man selbst teilen.
> Meine Mutter zum Beispiel ist Schwarz und wurde adoptiert. Ihre Eltern konnten sie nie verstehen oder ihr helfen, wenn es hieß ›die Kinder in meiner Schule nennen mich Neger‹.«

Somit weiß Sêhnou, dass er sich immer an seine Mutter wenden kann.

Wenn es um das Thema Rassismus geht, trifft man als Betroffener vor allem auf eins: Unverständnis. Somit ist es wohl das wichtigste, das dies nicht auch noch in der eigenen Familie besteht. Dort sollte ein vertrauensvoller Umgang mit den Erfahrungen des anderen vorherrschen und Sichtweisen, die einem als Weiße (aber auch als Schwarze) fremd sind, akzeptiert werden. So sollte der weiße Elternteil Verständnis aufbringen und nicht die Augen verschließen und Probleme totschweigen. Auch wenn man oftmals bei Rassismus rein gar nichts tun kann. Zuhören und den anderen ernst zu nehmen, ist meist schon eine große Hilfe.

Der Schwarze Elternteil sollte nicht nur von sich ausgehen. Das Schwarzenbild ist für jede Person anders und vor allem von Generation zu Generation und von Land zu Land völlig unterschiedlich. Wege, die die Schwarzen Eltern vor über 20 Jahren bei rassistischen Begegnungen gegangen sind, müssen nicht die richtigen Lösungen für das eigene Kind sein. Es braucht Feingefühl, vor allem wenn noch gesellschaftliche und kulturelle Unterschiede hinzukommen.

Bei Sêhnou war von früh an der Kontakt zu einer Gruppe Menschen da, der er sich zugehörig fühlen konnte. Seit seiner Kindheit geht er auf das jährliche Bundestreffen der *Initiative Schwarze Menschen in Deutschland*.

> »Ich kann nicht wirklich sagen, ob sich seit dem letzten Bundestreffen etwas geändert hat. Wahrscheinlich schon, ich bin ja älter und erfahrener geworden.
> Und ich würde von mir selbst behaupten, dass ich selbstbewusster geworden bin, auch wenn es jetzt in letzter Zeit wieder ein bisschen bröckelt...«

Magnus ist 25 Jahre alt und schwul. Er wollte nicht länger in Deutschland leben und zog nach New York. Dort fühlt er sich wohl. »Schwarz und schwul ist ein Prozess. In New York gibt es eine große Community.«

Magnus hat das Erlebte immer wieder reflektiert. Während seines Amerikanistik-Studiums setzte er sich intensiv mit seinem Schwarzsein auseinander.

Grada Kilomba hat ihn geprägt und AutorInnen aus den USA wie Toni Morrison, James Baldwin und Bell Hooks.

Magnus wollte seinen Vater kennenlernen. Erst versuchte er es im Internet, dann flog er nach Äthiopien. Diese Reise hat ihn zu einem noch bewussteren schwarzen Mann gemacht. Er hat seinen Vater gefunden und seine Identität dadurch erweitert. Sein schwarzes Selbstbild hat sich über die Jahre stark entwickelt. Er erinnert sich noch gut an das erste Mal, als er bemerkt hat, dass er Schwarz ist. Es war im Kindergarten, als das Spiel »Wer hat Angst vorm schwarzen Mann?« gespielt wurde.

Heute verfolgt Magnus voller Interesse Schwarze Queer Communitys, steht in ständigem Kontakt mit anderen Schwarzen und fragt sich, ob sich schwule Schwarze wirklich wohl fühlen, wenn sie sich nicht mir ihrer Hautfarbe auseinandergesetzt haben. Für ihn wäre das kein Weg gewesen.

Felix sieht eine Schwierigkeit darin, wie man sich als Kind oder Jugendliche/r mit dem Bild von Schwarzen auseinandersetzen soll, das in Büchern und Filmen vermittelt wird. »Die Schwarze Kultur ist nicht unbedingt das, was man in Musikvideos sieht.«

Sein erstes Bundestreffen der ISD e.V. hat ihn sehr beeindruckt:

> »Das werde ich wohl nie vergessen, da ich noch nie so viele Schwarze Deutsche auf einmal gesehen habe, aus ganz verschiedenen Lebensbereichen.
> Am interessantesten war es für mich, dass ich erst dort angefangen habe, Schwarze auch als Deutsche zu sehen und sie nicht mehr mit anderen Nationalitäten verbunden habe.«

Was vielen (Weißen) nicht bewusst ist, auch Schwarze Deutsche wachsen mit den typischen klischeehaften Bildern auf. Viele Schwarze Kinder und Jugendliche haben in Deutschland kaum Möglichkeiten, sich außerhalb der Familie an einer Schwarzen Person zu orientieren. Wenn die Familie ausschließlich aus weißen Personen besteht, ist es umso schwieriger, einen Bezug zur Schwarzen Diaspora aufzubauen.

> »Afro-Deutsche erfahren von klein auf ihre bi-kulturelle Herkunft als außergewöhnlich und sehen sich zudem damit konfrontiert, daß ihr afrikanisches Äußeres für viele kulturelle Rückständigkeit und zahlreiche andere als unerwünscht geltende Eigenschaften signalisiert.

Durch ihr Sichtbarwerden in der sich überwiegend als weiß begreifenden deutschen Gesellschaft sind sie gezwungen, sich mit ihrer Identität auseinanderzusetzen. Im ungünstigsten Falle kommt es dabei zur Annahme von gegen sie gerichtetem Rassismus, der dann zu Selbstverachtung und Selbstverleugnung führt.

[...] Im Leben mancher Afro-Deutscher spiegelt sich der gesellschaftliche Rassismus in zeitweiser oder fortwährender Anpassung an Klischeevorstellungen, die das Image von Schwarzen bestimmen.

Sie lassen sich in die Rolle der artigen, temperamentvollen und lustigen Wilden drängen, die weißen Menschen das Leben versüßen.«[83]

Schwarze Selbstwahrnehmung, Schwarzes Selbstwertgefühl

Es ist ein schwieriger und langer Weg, ein ausgeglichenes Schwarzes Selbstbild[84] zu entwickeln, das einen dann vor rassistischen Angriffen seelisch schützt.

Die junge US-Amerikanerin Kiri Davis [85] widmete sich 2005 in ihrer Dokumentation *A Girl Like Me* dem Schwarzen Selbstbild und dem damit verbundenen Selbstwertgefühl junger Schwarzer Frauen.

Die Mädchen sprechen über Schönheitsideale und ihre Erfahrungen: Hellere Haut und glatte Haare werden immer noch als schöner empfunden, während natürlich gelocktes Haar als »zu afrikanisch« und hässlich angesehen wird – auch von Schwarzen Frauen. Ein Mädchen macht darauf aufmerksam, dass sie sich als Kind wünschte »auch so schön hell zu sein und so schöne glatte Haare« zu haben, wie die Puppe mit der sie spielte.

---

83 OGUNTOYE, OPITZ (AYIM), SCHULTZ; *Farbe bekennen*; S. 140

84 Literaturhinweis: Phoenix e.V.; »Cognitive Ebonisation«; vgl. nach HOPSON-POWELL; HOPSON; Black Identity Devolopment; S. 192

85 Für weitere Informationen siehe: kiridavis.com

Des Weiteren diskutieren sie darüber, dass man als Schwarze Jugendliche von anderen gesagt bekommt, wie man zu sein und sich als Schwarze Person zu verhalten hat. Als ein »fehlendes Stück« beschreibt eine Befragte das fehlende Wissen über die afrikanische Herkunft der Vorfahren. Die Wurzeln und die Kultur der Vorfahren nicht zu kennen, beeinflusst die Selbstfindung. Somit wisse man zwar, dass man nicht so sein muss oder soll, wie es von außen erwartet wird, aber man weiß nicht, wie und wer man stattdessen sein kann.

Kiri Davis, die sich für das Gerichtsverfahren »Brown versus Board of Education of Topeka, Kansas«[86] von 1954 zu interessieren begann, das die Rassentrennung in Schulen abschaffte und das Ende der amerikanischen Rassentrennung einläutete, geht in ihrem Film noch einen Schritt weiter: sie wiederholt das »Doll Experiment«.[87]

Dieses wurde 1940 von Dr. Mamie Clark und ihrem Ehemann Dr. Kenneth Clark durchgeführt und sollte untersuchen, inwieweit die Rassentrennung in Schulen zu einer veränderten Selbstwahrnehmung bei Schwarzen Kindern führt.[88]

Die Forscher reichten den Kindern zu diesem Zweck zwei Puppen, eine schwarze und eine weiße. Nun sollten sie entscheiden, mit welcher Puppe sie lieber spielen wollten und welche Puppe die ›liebe‹ und welche die ›böse‹ sei.

Das Ergebnis ist erschreckend, die meisten wollten lieber mit der weißen Puppe spielen, die sie als ›lieb‹ einstuften, während die schwarze Puppe als ›böse‹ bezeichnet wurde.

Als Kiri Davis den Test 2006 wiederholte, stellte sie fest, dass sich in den Jahren danach nichts verändert hatte. 15 von 21 Kindern bevorzugen die weiße Puppe. Obwohl diese Kinder wussten, dass sie selbst Schwarz sind. (Sie deuteten

86 »Brown versus Board of Education of Topeka, Kansas«, vgl. BERG; »Gleich und frei«; zeit.de

87 Vgl. en.wikipedia.org/wiki/Kiri_Davis

88 Vgl. en.wikipedia.org/wiki/Kenneth_and_Mamie_Clark#Doll_experiments

auf die schwarze Puppe, als sie gefragt wurden, wie sie selbst aussehen.)

Auf die Frage, warum die ausgewählte Puppe die »liebe, nette« Puppe sei, antworten die Kinder: »Weil sie weiß ist!« Die »böse« Puppe sei hingegen deswegen »böse«, weil sie schwarz ist.[89]

Kiri David macht mit ihrer Dokumentation deutlich, wie schwierig es ist, ein gesundes Schwarzes Selbstwertgefühl aufzubauen, selbst in den USA, obwohl dort viele POC leben und in den Medien präsent sind.

Bedenkt man die Unterschiede in der Entwicklung der Schwarzen Community in Deutschland, die dagegen noch ziemlich am Anfang steht[90], kann man sich vorstellen, wie sich Schwarze Deutsche tagtäglich mit ihrer Identität auseinandersetzen müssen.

Felix erzählt mir, dass er sich seiner Hautfarbe das erst Mal richtig bewusst wurde, als er von einer amerikanischen Grundschule auf eine deutsche wechselte.

> »Neben den Sprachproblemen war auch die Hautfarbe etwas, das uns getrennt hat. Gegenüber der amerikanischen Schule, wo es viele Schwarze gab, gab es dort kaum Schwarze Schüler, auch in der Stadt und Nachbarschaft gab es kaum Schwarze.«

Trotzdem schaffte es Felix Schwarze Freunde zu finden. »Zum Teil hatten sie einen anderen Akzent als ich und teilweise waren sie auch dunkler, aber trotzdem war da etwas, das uns verband.«

Felix sagt, er habe häufiger mitbekommen, dass sich Schwarze Jugendliche für politische Themen interessierten, die ihre Hautfarbe und die Schwarze Geschichte betrafen, aber sie hätten nie jemanden gehabt, der ihnen diese Themen hätte näher bringen können.

---

89 DAVIS; A Girl Like Me (Dokumentation), www.mediathatmattersfest.org oder www.youtube.com
90 Literaturhinweis: ROBINSON; »Schwarze Diaspora«; Blogeintrag in superdemokraticos.com

»Es bedarf allerdings auch ein bestimmtes Alter bzw. Reife, um sich ernsthaft damit zu Beschäftigen. Viele Kinder und Jugendliche, die ich bisher kennen lernte, die in einer nichtschwarzen Umgebung aufgewachsen sind, haben oft den Drang, Schwarzen Rappern und eben bestimmten Klischees nachzueifern, um ›richtig Schwarz‹ zu wirken. Oder aber sie versuchen genau das Gegenteil und wollen weniger Schwarz wirken.«

Vor allem in der Pubertät orientieren wir uns alle neu und sind sehr unsicher, was mit unserem Körper, unseren Hormonen und unserem Selbst passiert. Sich in dieser Zeit auch noch mit dem Schwarzen Selbstbild auseinanderzusetzen, ist nicht leicht. Junge Menschen lassen sich gerade dann sehr stark von äußeren Faktoren (wie den Medien) beeinflussen. Wenn dann dort Schwarz sein als Charaktereigenschaft gesehen wird, besteht die Gefahr, dies zu übernehmen. So werden bei Castingshows weiße KandidatInnen mit ihren Hobbys oder Fähigkeiten vorgestellt (»Leseratte, macht gern Sport, fleißig, lustig), Schwarze KandidatInnen werden nur auf ihre Hautfarbe reduziert (»exotische TänzerIn«, »kommt ursprünglich aus«).

Fati-Aurélie lebt in Frankreich. Sie geht auf eine »Business School«, auf der von 300 StudentInnen gerade einmal 15 Schwarz sind. Ihrem Empfinden nach denken viele weiße Franzosen und Französinnen immer noch, dass es in Afrika bis auf Armut nichts gibt. Sie sind überrascht, Schwarze StudentInnen auf einer Schule wie ihrer zu sehen. Fatii war ihre Hautfarbe noch nie so präsent wie in Frankreich, denn sie wird ständig daran erinnert.

»Die einzige Lösung ist es, stark zu bleiben und stolz darauf zu sein, Schwarz zu sein. Man darf sich nicht schlechter behandeln lassen, als Weiße behandelt werden würden. Ich habe beobachtet, dass man als Schwarze Frau sehr selbstbewusst auftreten muss – dann wird man in Ruhe gelassen.«

Nächste Mutprobe

Hat man also die Schulzeit endlich hinter sich gebracht, sich mit Lehrern über rassistische Afrikabilder im Schulbuch gestritten, mit Professoren vergeblich über das N-Wort diskutiert, kommt im Berufsleben wohl der härteste Part im Leben. Denn es besteht eine starke (finanzielle) Abhängigkeit.

Können wir uns jeden Job suchen, den wir uns wünschen. Theoretisch schon, aber bekommen junge Schwarze auch die gleiche Unterstützung?

Vielleicht bekommen diese Teenager zu hören: »Da nehmen die eh keinen wie dich« oder »Erwarte lieber nicht zu viel«. Auch Äußerungen in die andere Richtung, nämlich, dass jedes Scheitern rassistisch bedingt ist (bspw. »Der Lehrer ist bestimmt ein Rassist.«) oder dass sich der Jugendliche aufgrund seiner Hautfarbe besonders anstrengen muss, können den Heranwachsenden in seiner afro-deutschen Entwicklung verunsichern. Das Erlebte steht im Schwarzen Alltag oft mit der Hautfarbe in Zusammenhang. Man sollte zwar nicht hinter jeder schlechten Begegnung einen rassistischen Hintergrund vermuten, doch für mich steht fest: meine Hautfarbe und meine Person sind untrennbar miteinander verbunden. Auch wenn Schwarz zu sein für mich selbst oft keine Rolle spielt. Für meine weiße Umgebung spielt es immer eine. Stereotype oder Ängste können auch bei ArbeitskollegInnen im Unterbewusstsein verankert sein. So fällt es eher auf, wenn ein/e Schwarze/r zu spät kommt, als wenn dies einer/einem Weißen passiert. Wenn ein/e Schwarze/r launisch ist, ist es gleich sein animalisches Temperament. Oder aber: KollegInnen neiden einem Erfolge, da sie der Überzeugung sind, diese habe man nur aufgrund seines Exotenbonuses bekommen. Die Einstellung »jetzt bekommen Ausländer schon eher einen Job als Deutsche« habe ich leider schon von KollegInnen gehört, Sie taucht auf, sobald eine Diversitypolitik im Unternehmen ein Gleichgewicht von KollegInnen mit und ohne Migrationsgeschichte herstellen möchte.

Grund dafür könnte sein, dass sich manche Unternehmen, Parteien oder Organisationen gerne mit einem Nicht-Weißen im Team schmücken. Nach dem Motto »Seht her, wie tolerant wir sind. Wir können gar kein rassistisches Gedankengut in uns haben, denn wir haben eine/n Schwarze/n in unseren Reihen.« Die typischen »Quoten-Schwarzen« eben.

Einerseits könnte man als Schwarze/r die ›Chance‹ nutzen, um in eine Position zu kommen, die einem normalerweise verschlossen bliebe, andererseits habe ich oft das Gefühl, dass man als Schwarze/r auch nur so lange in so einer Position geduldet wird, solange man das Spiel mitspielt. Das heißt, wenn ein/e Schwarze/r anfängt, für ›Unruhe‹ zu sorgen, weil er/sie den Rassismus in den eigenen Reihen anspricht, ist es ganz schnell vorbei mit der ›Toleranz‹ und ›Weltoffenheit‹ und man bittet den/die »Quoten-Schwarze/n« doch wieder zu gehen. Das heißt, der Schwarze, der ruhig ist, immer lächelt und bei jedem Blödsinn nickt, der ist beliebt – der/die Schwarze, der/die aber ungemütlich wird, weil er/sie auf Dinge aufmerksam macht und (strukturellen) Rassismus aufdeckt und eben nicht einfach so weitermachen will, wird ganz schnell verabschiedet. Alleine das Existieren einer Schwarzen Person im Raum, kann eine homogene weiße Gruppe verunsichern. Denn jetzt muss man sich ja plötzlich ›politisch korrekt‹ verhalten, aufpassen, was man so sagt und welche Witze man reißt.

Auch wenn es anstrengend und überflüssig ist, ständig mit seiner Hautfarbe konfrontiert zu werden, man sollte versuchen, das Beste aus der Situation zu machen. Eine ältere POC-Freundin gab mir den Rat: »Mach dich schon mal damit vertraut, dass deine Karriere im Zick-Zack verlaufen wird und nicht geradlinig nach oben.« So sei das meist bei nicht-weißen Menschen.

May Ayim:

»ich werde trotzdem
afrikanisch
sein
auch wenn ihr
mich gerne
deutsch
haben wollt
und werde trotzdem
deutsch
sein
auch wenn euch
meine schwärze
nicht paßt
[...]« [91]

91 KRON; *Fürchte Dich nicht, Bleichgesicht!*; S. 142 ff.; zitiert nach
AYIM; »Afro-deutsch II«; erschienen in *blues in schwarz weiß*; S. 25

Weiße Fragen, weißer Blick

Mich fragen weiße (aber auch nicht-weiße) Freunde, warum ich meine Hautfarbe ständig thematisiere. Das »ständige thematisieren« entspricht ein paar Links auf Facebook, die zu interessanten Artikeln führen. Außerdem ist ja meine Hautfarbe auch ständig ein Thema, zwar nicht unbedingt für mich, aber für mein (weißes) Umfeld.

Ein weißer Bekannter schreibt mir auf Facebook:

»Mir ist das bei dir oft aufgefallen, dass du das selber ständig thematisierst. Warum eigentlich? Sieht doch eh jeder. Und stören tut es doch die wenigsten, oder?«

Mich stört aber einiges an ihnen, an der weißen-deutschen Gesellschaft und das möchte ich ändern.

Und dass ich Schwarz bin sieht jeder? Stimmt nicht. Denn viele wissen doch gar nicht, was es heißt, Schwarz zu sein. Ich erzähle nur, was das bedeutet, »anders« zu sein, nicht ganz dazuzugehören, »fremd« zu sein, verstärkt kontrolliert zu werden, Polizei nicht als »Freund und Helfer« sehen zu können – im eigenen Land. Und daran ständig erinnert zu werden! Ständig!

Das wollen aber eben viele nicht hören.

Wollen meine Hautfarbe nicht sehen.

Oder tun so, als wäre sie nicht da. Tun so, als wäre ich weiß, tun so, als wäre Schwarz unsichtbar und Weißsein die einzige Lösung.

Denn meine Hautfarbe zu sehen, bedeutet auch, die Diskriminierungen, die ich in dieser hauptsächlich weißen Gesellschaft – in unserer Gesellschaft – erfahre, zu sehen. Da sich dieser Zustand aber nicht so schnell ändern lässt, wollen das die meisten gar nicht wissen.

Selbstbewusst Schwarz zu sein, bewirkt bei einigen Weißen eine Art ›schlechtes Gewissen‹. Sie fühlen sich hilflos, denn sie gehören dieser Gesellschaft und dem System an, das Nicht-Weiße diskriminiert. Bewusst oder unbewusst. Sie denken, die Augen vor meiner Hautfarbe zu verschließen, würde das Problem lösen. Sie denken, nicht zuzuhören und meine Erfahrungen nicht wahrzunehmen, wäre die Lösung. Was man nicht sieht, existiert nicht. Das Bild der drei Affen: Augen zu, Ohren zu, Mund zu.

Wer nicht schweigt ist automatisch laut. Wer laut ist, ist unbequem.

Außerdem, könnten meine Post, ja auch meine hundert nicht-weißen FacebookfreundInnen interessieren.

Black Facing privat: Die Faschingszeit

Ach, wie gerne verkleide ich mich und wie lustig fände ich Fasching-Partys, wenn mich da nicht nur immer dieses unwohle Gefühl begleiten würde: die Vorahnung, auf ein rassistisches Faschingskostüm zu treffen.

Seit vielen hundert Jahren finden es Weiße aus irgendwelchen Gründen lustig, sich als Schwarze zu verkleiden. Dafür malen sie sich die Gesichter schwarz und gerne die Lippen rot. Sie geben die typische rassifizierte Figur eines Schwarzen, wie er eben früher dargestellt wurde, als >Mohr< – dumm und einem Affen ähnlicher als einem Menschen. In Theatern traten Weiße als Schwarze auf und spielten alle Klischees aus, die es zu der damaligen Zeit gab und die es leider immer noch gibt. Auch heute malen sich Weiße immer noch gerne schwarze Farbe ins Gesicht, setzen sich eine Afro-Perücke auf, ziehen ein Strohröckchen an und denken, das wäre wahnsinnig witzig.

Dass wahrscheinlich 99,999% aller Schwarzen das überhaupt nicht witzig, sondern verletzend und höchst diskriminierend finden, interessiert diese Verkleideten nicht im Geringsten. Theatern und seltsamen Comedyshows kann man in der Regel aus dem Weg gehen, aber was tun, wenn Faschingszeit ist und die Narren sich gerne als »N« verkleiden? Und was tun, wenn diese wirklichen Narren dann auch noch im eigenen Freundeskreis sitzen?

Diese Frage stellte sich eine Schwarze Jugendliche auf *Facebook*. Und ich überlegte mir, welchen Tipp ich ihr geben könnte.

Ich glaube, ich würde die Narren erst einmal fragen, was für ein Kostüm das sein soll und warum sie sich dafür schwarze Farbe ins Gesicht geschmiert haben. Ich würde wissen wollen, ob sie schon einmal etwas von Black Facing gehört haben.

Wenn ich mich als Weiße verkleiden würde, wie würde dieses Kostüm dann aussehen? Wie sieht das Kostüm einer typisch Weißen aus? Welche Eigenschaften sind typisch weiß?

Wenn den Schwarz Angemalten überhaupt etwas dazu einfällt, dann sind es bestimmt nur positive Adjektive.

Ich würde sie fragen, ob sie sich bewusst sind, dass sie mich mit so einem Kostüm verletzen und sich damit über Schwarze lustig machen, sie dumm und stereotypisiert darstellen, als wären wir Affen.

Sind sich diese ›FreundInnen‹ bewusst, dass Black Facing eine jahrhundertealte rassistische Tradition hat?

Ich würde ihnen erst einmal diese oder ähnliche Fragen stellen und ihnen nichts ›unterstellen‹. Wenn sie einem als ›FreundInnen‹ wichtig sind, kann man ihnen eine Chance geben. Ich bin mir nur ziemlich sicher, dass ihnen alle Empfindungen und Argumente relativ egal sind. Dann hast du es wenigstens versucht und kannst ihnen klar sagen, dass du keine Freunde möchtest, die dich verletzen und Rassismus lustig finden.

Das perfide bei Black Facing – wie so oft bei rassistischem Verhalten – ist: Weiße können es machen, weil sie es können. Es gibt keinen, der sie daran hindert, es wird meist gesellschaftlich akzeptiert, und jede/r, der/die sich gegen diese Praxen stellt, wird bekämpft.

Ein Kostüm, das einen ›typischen Weißen‹ darstellen soll, würde nicht funktionieren. Denn »typisch weiß« existiert gar nicht – und, das ist wichtig, es gibt auch keine

Bilder in den Köpfen der Menschen davon. Es gibt Bilder von Berufen, aber diese werden nicht bewusst in Zusammenhang mit der weißen Hautfarbe gebracht. >Typisch Schwarz< existiert ebenso wenig, doch wenn ich frage: »Was ist typisch Schwarz?«, kommt eine ganze Reihe rassistischer Klischees als Antwort.

Doch Schwarz ist keine Nationalität (Was ist typisch französisch, englisch, senegalesisch?) und keine Rasse (Was ist typisch für einen Hund, für einen Fisch, für einen Vogel?).

Eine weiße Bekannte hat mich gefragt: Welche Kostüme sind rassistisch? Ist es z.B. okay, sich als >Mexikaner< zu verkleiden?

Ich sehe das größte Problem im >Anmalen<. Dabei kommen sich Schwarze total verarscht vor, und Black Facing hat eine lange rassistische Tradition.

Die Verwendung traditioneller Kleidung als Kostüm find ich hingegen unter Umständen in Ordnung.

Der große Unterschied ist, dass es nicht >DEN Schwarzen< gibt. Es gibt Millionen Schwarze mit ganz unterschiedlichen Nationalitäten. Afrika ist ein großer Kontinent, mit unterschiedlichen Traditionen und Kulturen.

Wenn du was anziehst, was du von einer Reise mitgebracht hast, und dein Kostüm Menschen nicht auf Klischees und Stereotype reduziert, dann kann das wohl akzeptiert werden.

Also dein Beispiel »Mexikaner«: Wenn du aus deinem Mexiko-Urlaub ein mexikanisches Kleid, eine Kette und ein Kopftuch mitgebracht hast, finde ich es okay, es an Fasching anzuziehen. Ich finde es aber nicht besonders toll. Denn Faschingskostüme sind ja eigentlich auch immer mit etwas Lustigem verbunden, und warum sollte traditionelle Kleidung lustig sein? Ehrlich gesagt, stört es mich bereits, wenn sich Norddeutsche als Bayern verkleiden und es total lustig finden, ein Dirndl zu tragen. Denn Dirndl und Lederhosen sind für uns in Bayern etwas Schönes, über das wir uns nicht lustig machen. Wenn andere dann unsere traditionelle Kleidung nicht verstehen und das ganze als riesen Witz sehen, find ich das unschön.

Aber noch mal zum Beispiel ›Mexikaner‹. Was meiner Meinung nach ein absolutes No-Go ist, ist sich als Kostüm einen Sombrero aufzusetzen, sich einen Schnauzbart auf die Oberlippe zu kleben und sich dunkle Farbe ins Gesicht zu pinseln. Dazu noch einen Teppich als Oberteil? Das finde ich sehr verletzend.

Genauso wie sogenannte ›Indianer‹-, ›Chinesen‹- oder ›Zigeuner‹-Kostüme. Da werden Kulturen, Traditionen, Ethnien und eben auch rassistische Denkmuster über das Aussehen dieser Ethnien in einen Topf geworfen – raus kommt das diskriminierende Kostüm.

Jamila Adler von der Frankfurter Ortsgruppe der *Initiative Schwarze Menschen in Deutschland* findet es daher »hochproblematisch«, wenn weiße Menschen es als lustigen Fastnachtsspaß ansehen, sich schwarz anzumalen. »Das ist ganz klar eine kolonialrassistische Praxis«, sagt Adler. Auch die Kostümierung als Roma oder »Native American« sei »eine Stereotypisierung von Personengruppen, so wie Weiße sie sehen« und spiegele das gewaltvolle Verhältnis aus Kolonial- und Unterdrückungsgeschichte. »Das ist nicht vergleichbar mit anderen Kostümierungen, etwa als Berufsgruppe. Ich persönlich meide dieses Fest deswegen komplett.«[92]

Einen sehr kleine Etappensiege gibt es: Der Faschingsverein »Kameruner« trifft sich nicht mehr zur »Negersitzung«, sondern zur »Hulla Rumba Sitzung«, leider aber weiterhin mit schwarzer Farbe im Gesicht.

In den Niederlanden gibt es die Verkleidungstradition »Zwarte Piet« – Schwarzer Peter. Er ist der Schwarze Knecht des Nikolaus. Dazu malt sich ganz Holland schwarz

---

92 Frankfurter Rundschau »Von ›Afro-Tucken‹ und ›Dschungelbewohnern‹«; http://www.fr-online.de/fastnacht-in-rhein-main/fastnacht-rassismus-von--afro-tucken--und--dschungelbewohnern-,11633356,26424494.html

an. Im Internet gibt es unzählige Fotos von Weißen, die »dumme Schwarze« spielen. Mit dem »Zwarte Piet« hat sich sogar eine UN-Expertengruppe beschäftigt. In einem Brief an die Regierung in Den Haag heißt es, die Figur des Piet sei ein »Dummkopf und Diener« sowie ein »Stereotyp afrikanischer Menschen«.[93]

Doch die Proteste stießen auf kein Verständnis. Ein Gericht entschied, dass der »Zwarte Piet« Schwarze Menschen diskriminiert und rassistisch ist.[94]

Auch bei uns malen sich viele Kinder schwarz an, wenn sie als ›Heilige Drei Könige‹ umherziehen. Warum man sich als Melchior aber schwarz anmalen muss, bleibt mir ein Rätsel. Ich schrecke jedes Mal zusammen, wenn ich das sehe.

Schwarze Farbe im Gesicht ist für mich immer geschmacklos.

Viele können es nicht verstehen, wie man von Rassismus sprechen kann, wenn es doch um Kinderfeste geht. Doch Kinder nehmen diesen Rassismus damit schon in jungen Jahren auf, die Bilder verfestigen sich und sind später womöglich Nährboden für Vorurteile und Ignoranz. Diese Ignoranz der Erwachsenen zeigt sich dann auch darin, dass mit großer Selbstverständlichkeit angenommen wird, das Publikum sei homogen weiß. Dass dies aber nicht mehr der Realität entspricht, wird oft ausgeblendet. Bestes Beispiel dafür, ist die »Kinderbuchdebatte«.

Pippi Langstrumpfs N-König-Vater

In vielen alten Kinderbüchern, die zu den ›Klassikern‹ zählen, werden rassistische Wörter verwendet. Auch wenn die AutorInnen kein rassistisches Gedankengut verbreiten wollten, lebten sie doch in einer ganz anderen Zeit. Eine Zeit, in

93 Zeit »Kulturkampf um ›Zwarte Piet‹«; http://www.zeit.de/gesellschaft/2013-10/niederlande-sinterklaas-zwarte-piet-sklaverei-un
94 http://www.spiegel.de/panorama/gesellschaft/rassismus-nikolaus-helfer-in-den-niederlanden-diskriminiert-schwarze-a-979013.html

der Minderheiten stark ausgegrenzt wurden. Man darf nicht vergessen, dass einige AutorInnen den Nationalsozialismus miterlebt haben und der Blick auf Nationalitäten, Ethnien oder schlichtweg Menschen wohl ein anderer war, als wir ihn heute haben.

Viele dieser damals gängigen Begriffe sind nicht mehr zeitgemäß. Wenn der / die AutorIn es wirklich »nicht böse« gemeint hat und »man das damals halt so sagte«, ist es doch höchste Zeit, die entsprechenden Werke in die Sprache unseres Zeitalters zu ›übersetzen‹.

Das dachten sich auch die Nachfahren von Otfried Preußler, der *Das kleine Gespenst* und *Die kleine Hexe* geschrieben hat. Nach einem Brief von Mekonnen Mesghena entschlossen sich die Preußler-Erben und der Verlag dazu, die N-Wörter in den Büchern zu streichen. So geschah es auch schon Jahre zuvor mit den Pippi-Langstrumpf-Büchern, die seit der Neuausgabe von 2009 ohne das N-Wort auskommen.

Eigentlich keine große Sache. Doch ganz Deutschland stand plötzlich Kopf. »Zensur« und »man müsse doch nur mit den Kindern reden« waren die Liebingsargumente. Plötzlich stand das N-Wort überall ausgeschrieben. Von Titelblättern der Zeitungen lachten einem »Zehn kleine N« entgegen. Ob in U-Bahnen, Restaurants oder im Büro überall hörte man das N-Wort. Für uns Schwarze eine fürchterliche Zeit. Wie ein wütender Mob, der uns gleich durch die Stadt hetzen wollte, fühlte sich das an.

So ging es auch der neunjährigen Ishema Kane aus Frankfurt am Main. Denn sie ist direkt betroffen, muss die Bücher lesen, in denen »N« steht.

Doch die Krönung, nicht nur für ihre Mutter und Ishema, war die Medienhetze, wie ein Zeitartikel, der das Mädchen sehr verletzte.

> »Darüber empört sich nun Greiner [Autor] in der ZEIT, und mit ihm ein – man kann es leider nicht anders nennen – Mob an Bildungsbürgern, denen nichts wichtiger erscheint, als rassistische Sprache in Kinderbüchern für schützenswert zu erklären. [...]

Ich sehe es nicht ein, dass mir als Mutter jetzt quasi diktiert wird, ich solle meiner Tochter ›erklären‹, dass solche Wörter früher ›normal‹ waren – und sie sich bitte schön nicht verletzt fühlen soll.‹ [...]«[95]

Ishema verletzte der Zeit Artikel so sehr, dass sie diesen Leserbrief schrieb:

19.1.2013

Liebe Redaktion.
Sie haben Glück, dass ich zumindestens diesen Brief in Schönschrift schreibe, denn ich bin sehr Sauer auf Sie. Warum sollte es nicht verboten werden, In Kinderbüchern Neger zu schreiben? Man muss sich auch mal in andere Menschen hineinversetzln. Mein Vater ist nämlich Senegalese und ist sehr dunkelbraun, und ich bin Milchkaffee-Braun. Stellen sie sich mal vor, sie wären Deutsch-Afrikaner, und leben in Deutschland. Sie sind Zeitungsleser und kaufen nichtsahnend „Die Zeit" vom 17. Januar 2013. Da stoßen sie plötzlich auf den Artikel „Die kleine Hexenjagd". Dort steht dann, dass Wort Neger aus den Kinderbüchern gestrichen werden soll, und das dass angeblich die Kinderbücher verboten soll. Ich finde es total scheiße dass das Wort in Kinderbüchern bleiben soll wenn es nach euch geht. Ihr könnt euch nicht vorstellen wie sich dass für mich anfühlt wenn ich dass Wort lesen oder hören muss. Es ist einfach nur sehr sehr schrecklich. Mein Vater ist kein Neger! und ich auch nicht. Das selbe gilt für alle anderen Afrikaner! So. Das war meine Meinung. Das Wort soll aus den Kinderbüchern gestrichen werden.

Eure: Ishema Kane 9 1/2 Jahre

P.S. Ihr könnt mir gerne einen Antwortbrief schicken!

95 Publikative »Neunjährige erklärt deutschen Medien Rassismus«; http://www.publikative.org/2013/01/23/neunjahrige-schreibt-brief-an-zeit/

»An dieser Empathie fehlt es – wie bei ähnlich gelagerten Debatten – in Deutschland leider an allen Ecken und Enden. Was antisemitisch, rassistisch, sexistisch ist, bestimmen der Stammtisch und die graumelierten Herren an den Sturmgeschützen der Demokratie – auf keinen Fall aber die Betroffenen oder gar die verhassten ›linken Gutmenschen‹. Ishemas Stimme zeugt davon, wie viele unterschiedliche Menschen in Deutschland leben und aufwachsen. Sie alle haben ein Recht darauf, vor Diskriminierung und Herabwürdigung so gut es eben geht geschützt zu werden. Die Mehrheit hingegen hat kein Recht, sie zu demütigen – auch nicht mit verletzenden Wörtern in Kinderbüchern.« [96]

In einem Blog-Eintrag, habe ich mir Gedanken gemacht, was das wahre Problem der Kinderbuch-Debatte ist:

»Die Kinderbuch-Debatte ist nicht neu. Neu daran ist nur eines, dass wir sie gewonnen haben. Seit Jahren versuchen wir, Verlage davon zu überzeugen, dass sie rassistische Begriffe rausnehmen sollen und jetzt ist es endlich soweit. Wirklich interessant an der Debatte ist nur eines, es lässt sich ganz wunderbar erkennen, wer die wahren Rassisten sind.

Denn für sie geht es um viel mehr, als dass ein Wort geändert wurde. Für sie geht es darum, dass Minderheiten berücksichtigt werden, dass Menschen Rechte eingestanden werden, die ihnen ihrer Meinung nicht zustehen. Denn wenn sie ehrlich sind, finden sie, dass Zigeuner, Eskimos, Indianer und Neger gar nichts zu sagen haben. Und dass das schon ganz gut so ist, wenn diese Minderheiten schon als Kind mitbekommen, dass sie weniger wert sind als weiße Menschen. Und dass es auch ganz gut und richtig ist, wenn kleine weiße Kinder mitbekommen, dass sie die Macht besitzen, mit rassistischen Worten zu verletzen, und wenn sie ihre weiße, arische, koloniale, wunderbare Geschichte kennen.

Und genau deswegen schreien sie auf, bei dem Gedanken, dass man Worte entfernt, die Minderheiten verletzen, erniedrigen und ihnen von Klein auf jegliches Selbstwertgefühl nehmen.

Dies gilt es zu verhindern. Mit allen (medialen) Mitteln. Denn wenn die Gleichberechtigung schon im Kindesalter erlernt wird, wo soll das noch hinführen?« [97]

96 Publikative »Neunjährige erklärt deutschen Medien Rassismus«; www.publikative.org/2013/01/23/neunjahrige-schreibt-brief-an-zeit/
97 http://reden-ist-gold.blogspot.de/2013/01/was-das-wahre-problem -bei-der.html

Schwarz geboren, zum Neger gemacht – ein Leserbrief von Jonas Hampl [98]

»Ich hasse den Neger. Denn ich bin das, was Weiße meistens schwarz nennen. Im Winter ist es zwar eher das holzige Braun vom Stamm eines Nadelbaums, doch mit schwarz fühle ich mich wohl. Schwarz ist ehrlich, schwarz ist gut.

Auch für Begriffe wie Farbiger oder Maximalpigmentierter hatte ich nie viel übrig. Das passt nicht. Schwarz dagegen trifft den Nagel auf den Kopf. Schwarz sein bedeutet, beim Familienfoto ins Licht gewunken und gelegentlich auf Englisch angesprochen zu werden. Leute merken sich meinen Namen eher. Es bedeutet Gutes wie Schlechtes, aber nichts, womit ich nicht klar komme.

Beim Wort Neger ist das anders. Sein Ursprung, niger, wird zwar lediglich mit schwarz übersetzt, aber seine Bedeutung hat sich weit davon entfernt. Meilenweit. Neger sein heißt: Personenkontrollen am Bahnhof, Angst haben. Neger sein bedeutet, abgelehnt zu werden als Freund der Tochter, Besucher der Disco, Mitarbeiter der Firma.

Wer Neger sagt, meint: Du bist kein richtiger Deutscher, du bist kein echter Franke. Du bist hier, aber du gehörst woanders hin. Solche Leute sagen sehr viel und kennen dich sehr wenig. Neger sein tut weh. Es ist unangenehm. Schon einige haben mir anvertraut, dass sie gern so schwarz wären wie ich. Aber ich bin sicher, dass es keinen gibt, der gern ein Neger wäre. Ich auch nicht.

Schon das Wort Neger zu hören oder zu lesen, ist unangenehm, egal in welchem Kontext. Selbst während ich diese Zeilen schreibe, spüre ich die Hemmung, es zu tippen. Das Wort hat Macht über mich. Es weckt bittere Erinnerungen an Momente, in denen jemand mich zwang, mich als Neger zu fühlen.

Man wird schwarz geboren, aber zum Neger gemacht. Durch Ausgrenzung, Abweisung, Beschimpfung. Durch bittere Erfahrungen und Enttäuschung durch Leute, von denen man eigentlich dachte, sie wüssten es besser.

Man kann niemanden für immer davor schützen, aber ich bedanke mich bei allen Autoren, die den Augenblick etwas nach hinten schieben, an dem ein schwarzes Kind sich mit seiner Hautfarbe auseinandersetzen muss. Ich bin froh, dass ich meinen Kindern nicht vorlesen muss, dass Pippis Vater ein Negerkönig ist. Früher

---

98   http://www.zeit.de/gesellschaft/2013-02/leserartikel-rassismus-neger

hatte das vielleicht etwas Spannendes, Exotisches. Aber wir leben im 21. Jahrhundert. Heute tut es weh. Der kleinen Ishema, mir und wahrscheinlich jedem Vater und jeder Mutter eines schwarzen Kindes.

Das Wort Neger zu vermeiden, wird den Rassismus nicht ausrotten. Aber es ist ein Schritt in die richtige Richtung. Einen Schritt weg von einer Vergangenheit, die nicht unsere Zukunft bestimmen soll.«

Können Sie sich ausweisen?
Sonst werden wir Sie ausweisen...

» ›Bundespolizei! Von Ihnen hätten wir gerne den Pass gesehen! Sprechen Sie deutsch? Do you have identification?‹ Es rüttelt an meinem Sitzplatz. Aus dem Schlaf und Kontext gerissene Fetzen wollen sich nicht erklären lassen. Wer sind diese Männer? Sind wir schon in Berlin? Und warum sprechen sie jetzt englisch?« [99]

Für viele Schwarze ist es Alltag: Ausweiskontrollen in Zügen, an Bahnhöfen oder mitten in der Stadt. Wer zu Uni oder Job pendeln muss, der wird mehrmals in der Woche nach seinen Papieren gefragt.

Auffällig: im ganzen Zugabteil bist du der Einzige, der seinen Ausweis herausrücken soll. Alle anderen sind weiß und werden nicht gestört. Aber du, du wirst ganz genau gefragt, wohin es geht und was du machst, wie du heißt...

Denn du könnte ja ›illegal‹ hier sein. Du könntest ja kriminell sein.

Viel Schwarze sind es satt. Diese ständigen Kontrollen aufgrund unserer Hautfarbe.

Genau so dachte ein junger Student, der nach einer Kontrolle im Jahr 2010 Anzeige erstattete. Doch seine Klage wurde zurückgewiesen [100] und das Verfahren, das sich Racial

99 KÖPSELL Philipp Khabo; http://jamesknopf.blogspot.de /2012/03/trayvon-martin-und-die-herren-von-der.html
100 Frankfurter Rundschau; »Student darf Polizist SS-Methoden vorwerfen«; http://www.fr-online.de/rhein-main/beamte-kontrollieren-dunkelhaeutigen-student-darf-polizisten-ss-methoden-vorwer-

Profiling nennt, somit legitimiert. Dieses Urteil aktivierte viele Menschen, die sich zusammenschlossen und das Ende dieser rassistischen Polizei-Praxis forderten. Die Kampagne >Stop Racial Profiling< war geboren.

»Das Urteil des Koblenzer Verwaltungsgerichts vom 28. Februar widerspricht dem Grundgesetz!

Nicht nur wird damit zum ersten Mal eingestanden, dass die Praxis des >Racial-Profiling< in Deutschland von Polizeibeamten angewandt wird, dieses Vorgehen erhält durch das Urteil auch noch eine Legitimation.

Wir, die Erstunterzeichner_innen, verurteilen die Entscheidung des Gerichts auf das Schärfste und fordern:

- Die Revision des Urteils vom 28. Februar 2012 zu >Racial Profiling<
- Die Einführung eines verpflichtenden Anti-Rassismus-Trainings, das sich tatsächlich mit Rassismus und nicht nur mit euphemistischen Begrifflichkeiten wie Fremdenfeindlichkeit und Ausländerfeindlichkeit befasst, für ALLE Polizist_innen und Polizeischüler_innen
- Eine Meldepflicht aller Rassismus-Vorwürfe gegenüber der Poizei, die von einer unabhängigen, von geschultem Fachpersonal besetzten Stelle geprüft und archiviert werden
- Die Überarbeitung des AGG anhand der europäischen Antirassismus-Richtlinien, da dieses derzeit zu viele Ausnahmeregungen beinhaltet und daher in vielen Diskriminierungsfällen nicht greift

Arbeitskreis Panafrikanismus e. V.
ADEFRA e. V. – Schwarze Frauen in Deutschland
ISD – Initiative Schwarze Menschen in Deutschland«

Fast 16.000 Menschen unterzeichneten diese Forderung.

Bei der Revision bekam der junge Mann vor Gericht recht. Es handelte sich um eine rassistische Kontrolle.

fen-,1472796,15147124.html

»Im Oktober 2012 entschied das Oberverwaltungsgericht Koblenz, dass Personenkontrollen aufgrund der ›Hautfarbe‹ nicht mit dem Gleichbehandlungsgrundsatz vereinbar seien. Die Entscheidung des Gerichtes wird als richtungsweisend im Kampf gegen das sogenannte ›Racial Profiling‹ gewertet.«[101]

Viele Weiße können nicht verstehen, was so schlimm an Racial Profiling ist und warum man nicht einfach seinen Ausweis zeigt ...

Das Interview mit dem Studenten auf *Spiegel Online* spricht genau das an:

»Student: Ich wollte nicht mehr anders behandelt werden. Die Polizisten brachten mich dann zurück nach Kassel auf die Wache. Dort wurde ich gefragt, ob ich Englisch spreche und Papiere hätte. Sie drohten mir mit hohen Kosten für das Fotografieren, die Fingerabdrücke und einen Aufenthalt in einer Zelle. Dann zeigte ich ihnen meinen Führerschein und sie ließen mich gehen. Es war der schlimmste Tag meines Lebens.

SPIEGEL ONLINE: War Ihr Widerstand spontan?

Student: Ich hatte mich vorher erkundigt und wusste, dass die Polizisten, ganz gleich ob Landes- oder Bundespolizisten, mir ohne jeglichen Verdacht zumindest einen Grund für die Personalienfeststellung nennen müssen.

SPIEGEL ONLINE: Haben Sie auf Schmerzensgeld geklagt?

Student: Nein, ich will kein Geld. Darum ging es mir nie. Freunde sagten, ich hätte mit einer Klage keine Chance. Aber ich fand einen Anwalt, der sich richtig reingehängt hat. Die Klage wurde in erster Instanz vom Verwaltungsgericht Koblenz abgewiesen, viele Leute empörten sich darüber. Also machte ich weiter. Ich wäre bis vor den Europäischen Gerichtshof für Menschenrechte gezogen.

SPIEGEL ONLINE: Das Oberverwaltungsgericht kam nun in zweiter Instanz zu der Auffassung, dass Sie aufgrund Ihrer Hautfarbe kontrolliert wurden, und gab der Klage statt. Die Polizisten haben sich daraufhin entschuldigt, das Verfahren ist beendet. Haben Sie die Entschuldigung angenommen?

---

101 http://www.stoppt-racial-profiling.de/

Student: Ja, angenommen schon, aber ich fühle sie nicht. Die Entschuldigung war förmlich, ohne Reue und nicht auf einer menschlichen Ebene. Und an der negativen Reaktion der Deutschen Polizeigewerkschaft sieht man, dass einige eigentlich so weitermachen wollen.«[102]

Im Übrigen gibt es nicht nur das polizeiliche Racial Profiling, sondern auch andere Formen, bei denen nach Hautfarbe ausgefiltert wird. Wenn dich z.B. Türsteher eindeutig wegen deiner Hautfarbe nicht in einen Club lassen. Ich wurde in Münchens *Max & Moritz* mit den Worten »Sorry, Ausländersperre« abgewiesen. Der Türsteher war selbst Deutsch-Türke hat aber die Anweisungen seines Chefs befolgt. Da er neu war, hat er sich verplappert. Denn die meisten Türsteher wissen, dass sie unter keinen Umständen den wahren Grund nennen dürfen und flüchten sich in irgendwelche bizarren Begründungen. Oft gibt es in Clubs jedoch bekanntermaßen eine ›Schwarzen-Quote‹, wenn diese erfüllt ist, sprich eine Handvoll, also ›genug Ausländer‹ auf der Tanzfläche sind, werden keine weiteren mehr reingelassen. So hat der Club zwar ein ›internationales Flair‹, aber trotzdem eine rassistische Türpolitik.

In München testete Hamado Dipama 25 Clubs, er wurde 20 mal abgewiesen.

Als Mitglied des Ausländerbeirates habe er immer wieder von jungen Leuten gehört, dass sie wegen ihrer Hautfarbe nicht in einen Club gekommen seien. Der Test habe das bestätigt. »›Wegen der Hautfarbe abgelehnt zu werden, ist Alltag‹, sagte Dipama. ›Traurig, aber so ist es.‹«[103]

Es gibt immer wieder Fälle, in denen es zu Anzeigen

---

102 Polizeikontrolle wegen der Hautfarbe »der schlimmste Tag meines Lebens«;http://www.spiegel.de/unispiegel/wunderbar/schwarzer-student-gewinnt-prozess-um-widerrechtliche-polizei-kontrolle-a-864589.html
103 Münchner Clubs wegen Rassismus verklagt; http://www.sueddeutsche.de/muenchen/auslaendern-eintritt-verwehrt-muenchner-klubs-wegen-rassismus-verklagt-1.1808007

kommt, denn wenn ein Türsteher dich aufgrund deiner Hautfarbe nicht reinlässt, macht er sich strafbar.

> »[...] für den 29-jährigen, durchaus stilvoll gekleideten Jurastudenten blieben die Türen des La Viva geschlossen. ›Regelmäßig‹ sei das dem dunkelhäutigen J. an Discotüren passiert, sagt er. Doch beim letzten Mal hatte er genug. Und verklagte die Betreiber des La Viva wegen Verstoßes gegen das im Allgemeinen Gleichbehandlungsgesetz (AGG) festgeschriebene Diskriminierungsverbot.«[104]

Der Schwarze Student bekam 300 Euro Schmerzensgeld und gewann den Prozess.

Auch Achu Yango brachte seinen Fall zur Anzeige und gewann. Das ständige Abgewiesen-werden, nervt ihn sehr:

> »Es gibt zwar Tricks – wenn man zum Beispiel gezielt zusammen mit einer Gruppe von Deutschen ausgeht. Das klappt aber nur manchmal. Wird einer aus der Gruppe abgewiesen, ist die Stimmung schnell im Keller. Insgesamt würde ich sagen: Wenn wir fünfmal ausgegangen sind, kam ich zweimal rein. Insgesamt ist es mir in Deutschland 15- bis 20-mal in fünf Jahren passiert, dass ich abgewiesen wurde. Wir treffen uns dann eben zu Hause oder feiern privat.«[105]

Doch wie ist das eigentlich mit der Ausweiskontrolle, wenn ein Polizist deinen Personalausweis sehen will?

Ein großer Irrtum ist, dass eine Pflicht besteht, den Ausweis ständig bei sich tragen zu müssen. Ja, man muss sich ausweisen können (Ausweispflicht), aber man muss den Ausweis dafür nicht bei sich tragen (keine Ausweis-Mitführungs-Pflicht).

Und Polizisten sind nur unter ganz besonderen Umständen befugt, ›einfach mal so‹ nach den Papieren zu fragen.

> »Personenkontrollen bedeuten einen Eingriff in das Grundrecht auf informationelle Selbstbestimmung. Grundsätzlich darf die

104 JAKOB Christian; Diskriminierung an der Diskotür; http://www.taz.de/!63228/
105 Türsteher-Apartheid: Schwarzer Student gewinnt gegen Disco; http://www.spiegel.de/unispiegel/studium/tuersteher-apartheid-schwarzer-student-gewinnt-gegen-disco-a-568817.html

Polizei deshalb nicht einfach den Ausweis verlangen. Sie braucht mindestens einen begründeten Verdacht, dass von dem Kontrollierten eine Gefahr für die öffentliche Sicherheit und Ordnung ausgehen könnte.

Verdachtsunabhängige Kontrollen (Schleierfahndung) sind nur unter bestimmten Umständen möglich – etwa an Orten, die von der Polizei als gefährlich eingestuft werden, wie bekannten Drogenumschlagplätzen.

Das Bundespolizeigesetz erlaubt darüber hinaus pauschal, ›jede Person‹ im Bahn- und Luftverkehr zu kontrollieren, wenn es dem Kampf gegen illegale Einwanderung dient. Die Regelung ist jedoch verfassungsrechtlich umstritten.« [106] (Paragraf 22, Absatz 1a)

Ein Leitfaden der ISD kann euch helfen, wenn ihr in eine Kontrolle kommt. Hier ein paar Auszüge:

»Ein Polizist darf dich nicht mit auf die Wache nehmen, nur weil du dich wenig kooperativ zeigst. Meint ein Polizist etwas anderes, so kannst du auch hier erklären: ›Nein, das werden sie nicht tun, sonst machen sie sich gem. §239 StGB der Freiheitsberaubung strafbar.‹

Das darfst Du
– den Dienstausweis eines Polizisten verlangen, um dir seine Daten aufzuschreiben
– mit diesen Daten ggf. Strafanzeige und Strafantrag stellen. (Wichtig: Immer beides stellen, da manche Delikte nur auf Strafantrag hin verfolgt werden. Dieser muss innerhalb von drei Monaten nach dem Vorfall gestellt werden.) Du solltest sie nicht bei der Polizei, sondern bei der Staatsanwaltschaft stellen.« [107]

Außerdem hilfreich:
– Zeugen ansprechen
– nach der Dienstnummer fragen
– Gedächtnis-Protokoll schreiben« [108]

---

106 Frankfurter Rundschau; »Student darf Polizist SS-Methoden vorwerfen«; http://www.fr-online.de/rhein-main/beamte-kontrollieren-dunkelhaeutigen-student-darf-polizisten-ss-methoden-vorwerfen-,1472796,15147124.html
107 http://isdonline.de/wp-content/uploads/2013/12/Was-darf-die-Polizei-Was-darf-sie-nicht.pdf
108 http://www.kop-berlin.de/schritte-gegen-polizeigewalt

Aufgrund rassistischer Praktiken wie Racial Profiling ist es für viele Deutsche mit Schwarzer Haut unmöglich, Polizisten als »Freund und Helfer« wahrzunehmen, vielmehr müssen sie mit Schikanen rechnen und im schlimmsten Fall um ihre Gesundheit fürchten. Die Organisation KOP (Kampagne für Opfer rassistischer Polizeigewalt) beschäftigt sich mit solchen Fällen. Aber auch dann, wenn es sich bei dir >nur< um eine Ausweiskontrolle handelt, kannst du aktiv werden. Auf der Webseite von KOP gibt es Vorlagen für Beschwerdebriefe[109], für dich als Opfer und für Menschen, die als ZeugInnen[110] aussagen können.

Wem Racial Profiling widerfährt oder wer es beobachtet, kann seine Stimme erheben.

Am wichtigsten ist es aber, immer ganz ruhig, freundlich und sachlich zu bleiben. So wie es dieser junge Mann getan hat. In seinem Blog *y-kritiks* erzählt er von einem seiner Racial-Profiling-Erlebnisse.

>Ein ruhiger Dienstagmorgen im März. Es ist ca. 9:00 Uhr; ich sitze im Wagen 9 des relativ vollen IC 133 von Luxemburg nach Norddeich in Ostfriesland. Der Wagen hat 20 Sitzreihen und ich sitze in der 17. Zwei Polizisten in voller Montur, schätzungsweise ein Mittvierziger und ein -dreißiger, kommen in den Wagen; gehen durch den gesamten Abteil und halten genau vor mir. Der Ältere fragt nach meinen Ausweispapieren. Die Polizisten hatten also vor mir jede Menge Möglichkeiten nach Ausweispapieren zu fragen, aber nein, nur meine Papiere zu sehen, schien anscheinend interessant. Sehe ich so interessant aus? Wie sehe ich denn aus? Meine Haut hat eine Färbung, die als >schwarz< bezeichnet wird, obwohl eindeutig nicht schwarz. Ich trage ein grün-schwarzes Holzfäller-hemd, eine Baseball-Mütze und habe einen Schal um den Hals. Vor mir auf dem Tisch liegen zwei dicke Bücher zu Mikroökonometrie und Regressionsmodellen für kategorische abhängige Variablen.

109http://www.stoppt-racial-profiling.de/wp-content/uploads/2013/06/VorlageBeschwerdebriefBPol_Racial-Profiling2.doc
110 Die Vorlage für Zeugen findet ihr hier: http://www.stoppt-ra-cial-profiling.de/wp-content/uploads/2013/06/RacialProfilingKampagne_BriefZeugen_innen.doc)

Die Polizei kommt also in einen Zug und kontrolliert ohne Angabe jeglicher Gründe die einzige Person mit dunkler Hautfarbe. Machen wir es kurz: ›Racial Profiling‹ heißt es auf Neudeutsch. Es ist mir schon öfter passiert. Bis heute Morgen hatte ich immer brav die Papiere sofort gezeigt. Aber das war einst. Vor dem Urteil des Oberverwaltungsgerichts Rheinland-Pfalz. Zeiten ändern sich. Ob das meine Freunde und Helfer wissen?

Hier das Gedächtnisprotokoll des Gesprächs zwischen den Polizisten und mir:

– ›Ausweiskontrolle! Könnte ich Ihren Ausweis oder Pass sehen?‹

– ›Ähh ... Warum?‹

– ›Damit wir Ihre Identität überprüfen können!‹

– ›Okay! Kein Problem, aber ich brauche vorher von Ihnen eine schriftliche Bestätigung, dass Sie mich nach meinem Ausweis gefragt haben.‹

– ›Nein, wir geben Ihnen keine schriftliche Bestätigung.‹

– ›Wenn Sie mich als Polizist nach meinem Ausweis fragen, ist es doch ein mündlich ausgesprochener Verwaltungsakt. Und mündlich ausgesprochene Verwaltungsakte müssen ja auf Verlangen schriftlich bestätigt werden.‹

– ›Sie bekommen nichts Schriftliches von uns. Ich muss jetzt Ihren Ausweis sehen, sonst kommen Sie mit auf die Wache.‹

– ›Kein Problem. Ich muss zwar bis nach Paderborn fahren, aber Trier ist auch schön.‹

– ›Wie Sie wollen, wir gehen jetzt weiter, werden Sie aber kurz vor Ankunft in Trier abholen.‹

Die Polizisten waren tatsächlich kurz vor Trier wieder da. Sie sahen und hörten zu, wie ich die anderen Fahrgäste nach ihren Kontaktdaten fragte, falls ich sie als Zeugen brauchen würde. Zwei Fahrgäste stimmten zu und schrieben mir Ihre Kontaktdaten auf. Eine ältere Dame, die das Geschehen verfolgte, sagte zu mir, als ich Jacke und Tasche packte: ›Sie kontrollieren immer nur die Ausländer. Sie gehen durch den ganzen Zug und kontrollieren nur den einzigen Ausländer.‹ Die Polizisten standen drei Reihen hinter uns am Ende des Wagens und hörten alles. Als wir am Trierer Hauptbahnhof ankamen, stand ich an meinem Platz, Jacke an, Laptoptasche auf der linken Schulter, Bücher unter dem rechten Arm, bereit für die

Wache. Als der Zug anhielt, stiegen die Polizeibeamten tatsächlich aus, jedoch ohne auch nur einen Blick in meine Richtung zu werfen, ohne mir ein Wort zu sagen. Sie stiegen aus, als wäre nichts passiert. Als der Zug wieder losfuhr und ich immer noch stand, realisierte ich, dass mir doch der Besuch in der Wache diesmal erspart bleiben sollte. Ich bedankte mich bei der älteren Dame und den Fahrgästen, die mir ihre Kontaktdaten aufgeschrieben hatten. Sie waren sichtlich erfreut. Zurecht! Denn sie hatten maßgeblich daran mitgewirkt, ein Stück Gerechtigkeit in die Welt zu bringen. Ich setzte mich wieder hin und freute mich; es fühlte sich so an, als hätte ich meine Menschenwürde (gegenüber irgendwelchen Bösewichten) erfolgreich verteidigt. Sie war zwar angekratzt, aber doch noch da.

Ergänzend zu der obigen Beschreibung des Tathergangs möchte ich dreierlei bemerken. Erstens nehme ich hin, dass einige denken oder sagen werden: ›Guck mal da, wieder Ausländer, die nur rummeckern! Alle nur Sozialschmarotzer und jetzt wollen sie auch noch die Arbeit unserer Polizisten erschweren. Sollen sie doch alle in ihre Heimat abgeschoben werden!!!‹ Oh ja, die wird es geben. Die wird es immer geben. Jede Gesellschaft braucht ihren Grundbestand an Idioten. #ENDE.

Während des Gesprächs mit den Polizeibeamten ließ mich der Jüngere wissen, dass die Polizei in Zügen in Grenznähe eben von solchen Menschen wie mir willkürlich Ausweispapiere verlangen darf. #BULLSHIT. Dies bringt uns zu der zweiten Bemerkung. Solange weder der Vertrag über die Arbeitsweise der Europäischen Union noch der Schengener Grenzkodex nicht eindeutig beschreiben, wie ein ›Normalbürger‹ in den Mitgliedsländern auszusehen hat, sind solche Kontrollen schlicht gesetzeswidrig. Racial Profiling ist aber nicht nur gesetzeswidrig, sondern auch und vor allem demütigend und erniedrigend. Es ist ein Schlag gegen die Gerechtigkeit. Darum geht's. Deshalb war es für mich kein Problem, während einer Reise von Luxemburg nach Paderborn einen Zwischenhalt in einer Trierer Polizeiwache hinzunehmen. Deshalb habe ich mich entschieden, zwei Polizisten in voller Montur sofortige Gehorsamkeit zu verweigern, obschon leider mehr als genug Beispiele zeigen, dass ein solches Verhalten schlimme bis tragische Folgen haben kann. Das muss jede Person wissen, die sich für einen solchen Weg entscheidet. Wer Gerechtigkeit will, muss bereit sein, ab und an richtig aufs Maul zu bekommen. Ich war heute Morgen 9 Uhr soweit. Ich bin dafür bereit. No justice, no peace! Gerechtigkeit bekommt man nicht als Sonderangebot im Schnäppchen-Center.

Drittens und letztens, möchte ich mich bei allen Menschen bedanken, die in solchen Situationen auch als Nichtbetroffene Zivilcourage zeigen. Sei es, indem sie es anbieten oder akzeptieren, als eventuelle Zeugen bereitzustehen, oder indem sie, wie die ältere Dame, die Ungerechtigkeit offen und für die beteiligten Polizisten gut hörbar thematisieren. Es ist schon bitterste Ironie, wenn es zivile Mitbürger gebraucht, um die Polizei dazu zu bringen, sich gesetzeskonform zu verhalten. Aber es ist schon okay, denn was die Polizei alleine nicht schafft, das schaffen wir alle zusammen. Ein Deutschland ohne Racial Profiling, ohne polizeiliche Diskriminierung aufgrund des Aussehens, ein Deutschland ohne frustrierte Mitbürger, denen ständig das Gefühl gegeben wird, Kriminelle auf der Flucht zu sein; ja, ein Deutschland, wo Paragraf 22 Abs. 1a des Bundespolizeigesetzes nicht mehr über Artikel 3 Absatz 3 des Grundgesetzes steht, ja, das schaffen wir alle zusammen.« [111]

Wie ermutigend ist dieser Text! Und wie sehr zeigt er, dass es wichtig ist zu sprechen, seine Erlebnisse zu teilen und sich damit gegenseitig zu unterstützen, also zu empowern.

Und da das nicht so gut alleine geht, kommen wir nun zum letzten Kapitel.

111 http://y-kritiks.com/2014/03/18/was-die-polizei-alleine-nicht-schafft/?fb_comment_id=fbc_605028362923555_3613672_60561 6256198099#f13740e2b8

Einen Schritt weiter – eine Gruppe gründen

In den letzten Jahren habe ich zwei Schwarze Netzwerke gegründet bzw. wiederbelebt. Die Hemmschwelle ist anfangs recht groß, man weiß gar nicht, wo man anfangen soll und wie das überhaupt geht. Doch es ist toll eine Gruppe von ein paar Leuten zu haben, mit denen man sich regelmäßig trifft, Probleme besprechen oder aktiv werden kann.

Überlege dir grob, in welche Richtung du mit der Gruppe gehen möchtest. Wenn du als ›Starter‹ nicht weißt, was diese Gruppe bezwecken soll, wird es schwierig sein, andere von ihr zu überzeugen.

Also willst du: – nur quatschen – aktiv werden und Projekte machen – oder beides?

Je nach Ziel baust du deine Ansprechtaktik auf, denn je nach Ziel musst du vielleicht auch ganz andere Leute ansprechen. Aus Erfahrung kann ich sagen, dass, wenn die Gruppe aus vielen Mitgliedern besteht, die sich noch nicht so stark mit ihrer Hautfarbe auseinandergesetzt haben, erst einmal ein großes Bedürfnis besteht zu reden. Gleich aktiv zu werden und große Projekte aus dem Boden zu stampfen, ist somit eher unrealistisch.

Und andersrum haben Leute, die schon seit Jahren ›reden‹, auch irgendwann genug davon und wollen lieber handeln. Die verschreckt man also durch eine reine Plauderrunde eher.

Am besten ist es daher, wenn du diesen Punkt, also die Richtung, die die Gruppe einschlägt, gleich beim ersten Treffen ansprichst – »Was wollen wir machen?«.

So kann jede/r für sich entscheiden, ob ihm/ihr die Gruppe zusagt.

Außerdem ist es empfehlenswert, dass es eine Art ›ModeratorIn‹ gibt. Das hört sich jetzt schlimmer an, als es ist.

Es geht nur darum, das Treffen offiziell zu beginnen und alle zu begrüßen.

Einleiten kann man das Treffen z.B. mit einer klassischen Vorstellungsrunde. Frage die Gruppenmitglieder, was sie sich von so einer Gruppe erwarten, was sie interessiert und wie viel »Erfahrung« sie schon mitbringen.

Es empfiehlt sich, Notizen zu machen und eine Art ›Protokoll‹ per Mail rumzuschicken und es in einer Facebook-Gruppe zu posten. So wirkt das Treffen etwas nach und weitere Leute bekommen vielleicht Interesse.

Apropos Protokoll: setze doch die Inhalte direkt in die Mail, bevor du eine Datei anhängst, die vielleicht nicht alle öffnen können (Programme, Handy ...).

Doch wie kommt es überhaupt zu einem ersten Treffen?
Gründe eine Facebook-Gruppe, druck dir kleine Zettelchen mit Infos aus (z.B.: afro-netzwerk für Schwarze und People of Color: plaudern, aktiv werden, vernetzen – Facebook-seite: Afros STADT – E-Mail-Adresse oder Handynr.). Fang einfach an, Schwarze anzuquatschen.

Anfangs kommt man sich dabei doof vor, aber die meisten freuen sich und kommen sogar zu den Meetings.

Du kannst bei den Schwarzen beginnen, die du schon kennst. Für das erste Treffen bietet es sich an, sich erst mal zu beschnuppern, kennenzulernen und zu schauen, wo das ganze hinführen kann.

Vernetzung, auch berufliche, lockt viele an, die erst einmal skeptisch sind.

Wenn ihr Ziele formuliert habt, könnt ihr für die nächsten Treffen wie folgt vorgehen:

Regelmäßiger Termin:
Damit der Termin nicht irgendwann einschläft, ist es gut, einen festen Termin zu haben, z.B.: immer den ersten Freitag im Monat oder den letzten Sonntag...

Sind viele junge Leute in der Gruppe, kann man nach dem Treffen noch zusammen feiern gehen. Besteht die Gruppe im Wesentlichen aus Eltern(teilen) , müssen entsprechend frühere Zeiten gewählt werden.

Inhalte:

Um jedes Treffen spannend zu gestalten, kann man für jedes Meeting ein Thema vereinbaren. Jede / r kann etwas anderes beitragen.

Eine Buchvorstellung, einen Film mitbringen, zusammen in eine Ausstellung gehen, über ein Thema sprechen und dazu Zeitungsausschnitte mitbringen usw.

Durch ›Vorträge‹ lernt man viel über die Schwarze Geschichte und über die anderen Gruppenmitglieder.

Es ist wichtig, dass man sich etwas vornimmt, sonst wird es schnell langweilig. Das Gefühl, bei Nichterscheinen etwas zu verpassen, hält die Gruppe letztlich am Leben.

Aktiv werden:

Wenn ihr euch angenähert habt und eine richtige Gruppe mit mindestens vier festen Mitgliedern entstanden ist, könnt ihr loslegen, Projekte zu unterstützen oder zu initiieren. In München haben wir zum Beispiel Unterschriften an einem Info-Stand zu ›Stop Racial Profiling‹ gesammelt und bei einer Veranstaltung darüber aufgeklärt. In Nürnberg hat die ISD-Gruppe die Ausstellung *Homestory Deutschland* organisiert.

Es ist aber wichtig, dass die Gruppe stabil ist, sonst bleibt alles an einer Person hängen.

Vernetzen:

Man muss das Rad nicht immer neu erfinden. Oft gibt es schon Gruppen, mit denen man sich vernetzen kann, und bei Veranstaltungen hat man die Möglichkeit, gemeinsam etwas zu entwickeln. Vielleicht hat die andere Gruppe auch schon mehr Erfahrungen.

Darüber hinaus gibt es manchmal Anti-Rassismus-Vereine, die nur aus Weißen bestehen und sich sehr freuen, wenn Leute mitmachen wollen, die sich wirklich auskennen, weil sie halt betroffen sind. Aber Vorsicht: nicht alle Anti-Rassimus-Vereine sind selbst frei von Rassismen.

Ansprechpartner:

Haltet ruhig im Protokoll fest, wer welche Aufgabe übernehmen will. Es ist besser, konkret Leute anzusprechen, als ganz allgemein zu fragen: »Wer kann das machen?« Da meldet sich nämlich erfahrungsgemäß niemand.

Anschließen:

Wenn ihr das Gefühl habt, dass ihr richtig zusammengewachsen seid und einen Schritt weitergehen wollt, könnt ihr euch einem ›Dachverband‹ anschließen und einen eigenen Verein gründen, der dann der großen Organisation angehört. Das ist vor allem bei großen Projekten hilfreich, wenn es um Finanzierungen geht. Denn als Verein könnt ihr gewisse Gelder beantragen.

Also, könnt ihr euch mit der ISD, ADEFRA, *Phoenix, Amnesty International* oder anderen Gruppen identifizieren?

Weiterbilden:

Es gibt Weiterbildungen für ›MigrantInnen-Organisationen‹, da könnt ihr bestimmt einiges über Struktur und Aufbau lernen.

Außerdem kann ich das ›Black Awareness‹-Seminar von Phoenix sehr empfehlen. Es ist sehr intensiv und wird euch als Gruppe unglaublich zusammenschweißen.

Neue Leute ins Boot holen:

Immer wenn Neue kommen, solltet ihr sie begrüßen, eine kleine Vorstellungsrunde machen und ihnen eure Ziele und Umgangsformen erklären. Aber halte euch nicht zu sehr damit auf. Die Gruppe muss ihren Weg weitergehen und darf nicht immer wieder bei Null beginnen, sonst wird es für die erfahrenen Mitglieder langweilig und sie kommen vielleicht nicht wieder.

Umgangsformen:

Dass wir alle miteinander freundlich umgehen sollten, ist klar. Aber was in so einer Gruppe noch viel wichtiger ist, ist, dass wir alle an das ›Phasenmodel‹ denken. Dieses sollte auch am Anfang vorgestellt werden. Denn wir dürfen nicht vergessen, dass wir alle an unterschiedlichen Punkten stehen. So sollten wir nicht gleich jemanden vorverurteilen, weil er die falschen Begriffe verwendet. Man kann mit der Person unter vier Augen sprechen und ihr gewisse Dinge erklären, sollte sie aber nicht vor der ganzen Gruppe zurechtweisen.

Ort:

Anfangen könnt ihr in einem Café, am besten einem, in dem ihr ungestört sprechen könnt, sonst werden die weißen Ohren vom Nachbartisch ganz groß und Leute mischen sich vielleicht in eure Unterhaltungen ein.

Vielleicht gibt es auch die Möglichkeit (Büro-)Räume für ein paar Stunden zu mieten. Manchmal kostet das nur 5 Euro.

Jede / r sollte sich dann an den Kosten beteiligen. Außerdem muss für Getränke gesorgt sein. Man kann sich aber auch privat treffen und das rotieren lassen.

Mitgliederzahl:

Lass dich nicht entmutigen, wenn ihr am Anfang nur wenige seid. Fangt einfach an, gegebenenfalls auch zu dritt. Hauptsache ihr fangt an, es werden sehr schnell mehr Leute werden!

Wohlfühlen:

Wir alle haben im Alltag schon genug Stress, da ist es wichtig, dass wir uns in so einer Gruppe sehr wohl fühlen.

Wenn man sich auf die Treffen freut und auf die Leute, dann läuft es sehr gut!

Schluss

Nun bist du am Ende des Buches angekommen. Ich habe versucht, dir einen guten Überblick der Schwarzen-Deutschen Kultur und Geschichte zu geben und in Worte zu fassen, was ich über das Schwarzsein weiß. Aber glaube mir, das war nur ein kleiner Tropfen in einem riesigen Ozean. Es gibt unglaublich viel Literatur, Filme, KünstlerInnen und Themen, die es sich zu entdecken lohnt. Eine kleine Auswahl findest du im Anhang.

Während ich an diesem Buch schrieb, habe ich die ersten Seiten meinem guten Freund Ray zum Lesen gegeben, der sehr erfreut war, dass die Schwarze Perspektive eingenommen wird, ohne in eine Opferrolle zu verfallen.

Das freut mich. Ich hoffe, dass es dir beim Lesen auch so ging und dir zwar bewusst ist, dass es viel Rassismus da draußen gibt und zwar auch an Ecken und bei Menschen, wo man ihn nicht vermuten würde, dass du aber die Kraft hast, Handelnde zu sein. Gib also nicht auf und verlier vor allem deine Lebensfreude nicht. Vergiss nicht zu lachen, auch wenn es manchmal aussichtslos erscheint und wir einen Kampf gegen Windmühlen führen.

Und denk immer daran: Du bist nicht alleine. Vernetz dich, schließ dich mit anderen zusammen, denn das gibt Kraft und Energie. Das schont deine Nerven und macht dich weniger verletzlich.

Ich hoffe, dass es mir gelungen ist, dir einen Einblick zu geben, und dass du neugierig darauf geworden bist, mehr zu erfahren. Dieses Buch ist eine Sammlung meiner Eindrücke und Erfahrungen, die ich persönlich oder Bekannte gemacht haben. Nicht vergessen: wir Schwarze sind eine sehr heterogene Gruppe, deswegen muss nicht für dich gut und richtig sein, was für andere gilt. Doch ich würde mich freuen, wenn du ein Gefühl für dein Schwarzsein entwickeln konntest, wenn du dir jetzt bei Begriffen zu helfen weißt, weil du die Geschichte dieser Wörter kennst, und wenn du auch deine eigene Sprache überdenkst. Erforsche weiterhin deine Schwarze Geschichte und hinterfrage die Dinge.

Vielen Dank an alle, die mich auf diesem Weg begleitet haben.

Literatur- und Medienverzeichnis

Bücher

ARNDT, Susan; HORNSCHEIDT, Antje: Afrika und die deutsche Sprache – Ein kritisches Nachschlagewerk; 2010; Unrast Verlag

ARNDT, Susan; OFUATEY-ALAZARD, Nadja (Hg.); Wie Rassismus aus Wörtern spricht. (K)Erben des Kolonialismus im Wissensarchiv deutsche Sprache. Ein kritisches Nachschlagewerk; 2011; Unrast Verlag

AYIM, May: blues in schwarz weiß; 1996; Orlanda Frauenverlag

EGGERS, Maureen Maisha; KILOMBA, Grada; PIESCHE, Peggy; ARNDT, Susan: Mythen, Masken und Subjekte. Kritische Weißseinsforschung in Deutschland; 2009; Unrast Verlag

FOFANA (Herzberger-Fofana), Pierrette: Berlin – 125 Jahre danach. Eine fast vergessene deutsch-afrikanische Geschichte; 2010; aa-infohaus

ISD (Initiative Schwarze Menschen in Deutschland e.V.): HOMESTORY DEUTSCHLAND, Begleitkatalog zur Ausstellung; edition assemblage http://homestorydeutschland.blogspot.com (Eine Ausstellung über Schwarze deutsche Geschichte.)

KÖPSELL, Philipp Khabo: Die Akte James Knopf – Afrodeutsche Wort- und Streitkunst; 2010; Unrast Verlag

KRON, Stefanie: Fürchte Dich nicht, Bleichgesicht! – Perspektivenwechsel zur Literatur Afro-Deutscher Frauen; 1996; Unrast Verlag

MICHAEL, Theodor Wonja: Deutsch sein und schwarz dazu: Erinnerungen eines Afro-Deutschen; 2013; dtv

NDUKA-AGWU, Adibeli; HORNSCHEIDT, Antje: Rassismus auf gut Deutsch; 2010; Brandes & Apsel

NEJAR, Marie: Mach nicht so traurige Augen, weil du ein Negerlein bist: Meine Jugend im Dritten Reich; 2007; rororo

OGUNTOYE, Katharina; OPITZ (AYIM), May; SCHULTZ, Dagmar (Herausgeberin): Farbe bekennen – Afro-deutsche Frauen auf den Spuren ihrer Geschichte; 1991; Orlanda Frauenverlag

POENICKE, Anke: Afrika in deutschen Medien und Schulbüchern; Sankt Augustin; Mai 2001; Zukunftsforum Politik; Broschürenreihe herausgegeben von der Konrad-Adenauer- Stiftung e.V. ; Nr. 29; (korrigierte Fassung vom 5. Dezember 2001)

SCHRAMM, Gert: Wer hat Angst vorm schwarzen Mann – Mein Leben in Deutschland; 2011; Aufbau

SOW, Noah: Deutschland Schwarz Weiss: Der alltägliche Rassismus; 2008; C. Bertelsmann

Internet

Africa Positive: http://www.africa-positive.de

Antidiskriminierungsstelle München: AMIGRA http://www.muenchen.de/rathaus/Stadtverwaltung/Direktorium/Amigra/film_perspektivwedhsel.html

»Auch ich bin Deutschland« – Fotoprojekt http://auchichbindeutschland.tumblr.com/

BERGH, Sarah: http://www.berghkuk.de;

Theaterprojekt »Kosmos BRD«;

Black European Studies:

Studie »Empirical Study of Black European Identities: German Sample Descriptive Data and Documentation of used Scales and Measures« der Johannes Gutenberg Universität Mainz; Forschungszentrum Schwarzes Europa BEST – Black European Studies; Psychologisches Institut; 2007; http://www.best.uni-mainz.de/modules/news/article.php?storyid=19

Black Facing:
http://black-face.com/
http://buehnenwatch.com/

Black Film Archive: http://www.indiana.edu/~bfca/index.shtml

Black Lifestyle Magazin: http://black-lifestylemag.com

Dirndl à l'Afriquaine: http://dirndlalafricaine.com

Doll Experiment: http://en.wikipedia.org/wiki/Kenneth_and_Mamie_Clark -Doll_experiments

HOMESTORY DEUTSCHLAND: http://www.homestory-deutschland.de/

KANTARA, Jeannine: »Schwarz. Und deutsch. - Kein Widerspruch? Für viele meiner weißen Mitbürger schon«; http://www.zeit.de/2000/37/afrodeutsch.xml

Zum Thema Kinder- und Jugendbücher:

positiv:

http://heimatkunde.boell.de/vorurteilsbewusste-kinderliteratur-jen-seits-hegemonialer-weltbilder

negativ:

http://blog.derbraunemob.info/liste-von-kinder-und-jugendbuechern-medien-mit-diskriminierenden-inhalten-oder-ausdruecken/

Hier findet ihr Infos und Hilfe zum Thema rassistische Polizeigewalt und Kontrollen:

ISD: http://isdonline.de/
   Die Webseite der Initiative Schwarzer Menschen in Deutschland e.V. Veranstaltungen, aktuelle Debatten und Hilfe bei Rassismus, wie z.B. Racial Profiling. Außerdem könnt ihr euch zum jährlichen Bundestreffen anmelden.

KOP (Kampagne für Opfer rassistischer Gewalt): https://www.kop-berlin.de

LES INVISIBLES, http://lesindivisibles.fr/

NKRUMAH, Nando: Grafik, Lyrik, Mode, Kunst: http://nkrumah.de

PHOENIX e.V.: »Cognitive Ebonisation«; vgl. nach HOPSON-POWELL; HOPSON; Black Identity Devolopment; Seite 192; http://www.phoenix-ev.org

REDZWESKY, Patricia: »ÜberLebensstrategien und Selbstbilder afrodeutscher Kinder im Weissen Umfeld bei abwesendem Schwarzen Vater«; http://www.scribd.com/doc/29998199/UberLebensstrategien-und-Selbstbilder-afrodeutscher-Kinder-im-Weissen-Umfeld-bei-abwesendem-Schwarzen-Vater-von-Patricia-Redzwesky

ROBINSON, Victoria B.: »Schwarze Diaspora«; Los Superdemo-kraticos Blog; http://superdemokraticos.com/schwarze-diaspora

SOW, Noah: http://www.derbraunemob.info

http://blog.derbraunemob.info/

http://www.edutainment-attacke.de

http://www.deutschland-schwarzweiss.de

http://www.noiseaux.com/

http://www.noahsow.de/

Top 20 Filmmakers of Color – The Internet Movie Database (IMDb): http://www.imdb.com/list/t5TAoKZmQ18/

WEHELIYE, Alexander G.: »Fremd im eigenen Land«; Dezember 2005;

http://www.migration-boell.de/web/diversity/48_394.asp

Zum Thema Weißseinsforschung:

http://gradakilomba.com/

http://de.wikipedia.org/wiki/Weißsein

Film und Fernsehen

Afro TV: http://afrotv.de

Afrotak TV cyberNomads:

www.AFROTAK.com

ASUMANG, Mo:

Roots Germania; 2007; http://www.roots-germania.com

Die Arierer; 2014;

Mo Asumang setzt sich in ihrem Filmen mit rechtsextremen Ideologien auseinander.

Black Star TV: http://www.blackstartv.de

Black Tree TV: http://www.blacktree.tv

COPPOLA, Francis Ford: Cotton Club, USA 1984; http://www.imdb.de/title/tt0087089

DAVIDS, Kiri: A Girl Like Me, USA 2005;

http://www.youtube.com/watch?v=17fEy0q6yqc

HALFAR, Sven: Yes, I am, Deutschland 2006;

HARDT, Oliver: Black Deutschland, Deutschland 2005; http://www.black-deutschland.de

MACCARONE, Angelina; EL-TAYEB, Fatima: Alles wird gut:, Deutschland 1997

OFUATEY-RAHAL, Nadja: Perspektivwechsel II – Schwarze Kinder und Jugendliche; Deutschland 2010.

Film über Rassismus in Schulen in Zusammenarbeit mit Sarah Berghs »Kosmos BRD«-Theaterprojekt.

STURRIDGE, Charles: Eine Detektivin für Botswana, USA/Großbritannien 2008; http://arte.tv/detektivin

THIYAGARAJAH Nayani: Shadeism, Kanada 2010 http://www.shadeism.com; http://vimeo.com/16210769

zdf_neo: »Der Rassist in uns« Fernseh-Format http://blog.zdf.de/der-rassist-in-uns/